KB245967

통합이란 무엇인가
유럽의 이민자 통합

통합이란 무엇인가
유럽의 이민자 통합

통합이란 무엇인가

유럽의 이민자 통합

도미니끄 슈나페 지음 | 임지영 옮김

이 책은 2007년 정부(교육과학기술부)의 재원으로 한국연구재단의
지원(HK사업)을 받아 수행된 연구임(NRF-2007-362-A00021)

둘은, 내가 상상할 수 있는 유일한 하나이다.

로맹 가리(Romain GARY)

프랑스 유학기간 동안 학교 방학을 이용해 한국에 잠시 방문하였을 때, 사람들의 '까만' 머리 때문에 나는 내 조국에서조차 이방인이라고 느낀 적이 있다. 한국과 단절기간이 없었더라면 나는 분명 '까만' 머리에 남다른 의미를 가지지 못했을 것이다. 프랑스는 이미 오래전부터 다양한 인종의 머리색을 가지고 있었던 것만큼 사회통합문제를 안고 있었고, 한국은 여전히 '통합'된 국가였다. 그런데 불과 몇 년 사이 한국에 거주하는 외국인 인구는 크게 증가하였고, 그들이 열악한 노동현장에서 잠시라도 벗어나는 주말이 되면 해운대 백사장에서 비치발리볼을 하는 '노랑' 머리 집단이나, 대학 체육관을 대관하여 체육대회를 하는 동남 아시아인들의 '까만' 머리 집단도 자주 볼 수 있게 되었다. 그들의 가시적 사교활동은 한국 사회에 적응된 사회적 결속력을 보여주는 듯하고 한국 사회가 전체 사회 구성원을 제도권 속에 '통합'한 것으로 기대하게 한다.

사회통합은 무엇이고 그것이 나아가야 할 방향은 무엇인가? 사회통합은 근대사회가 등장하면서 사회 자체에 대한 개념을 정립할 목적으로 사회 구성원들의 결속관계를 성찰하는 것이었다. 사회 전체 통합을 중요시한 뒤르케임(Durkheim)의 사회학은 개인의 다양성보다 국가통합에 우선을 두었던 '통합주의'의 경향이었던 반면 미국 사회학은 개인이 우선되는 '다문화주의'의 경향으로 발전되어 왔다. '통합주의'와 '다문화주의'의 대립은 이민자와 이민자 후세대 문제가 사회

구조적 특징과 문화적 특징에 제약되어 있고, 공적 영역에서 다루어져야 하는 제도적 문제라고 알려주었다. 이 책의 저자는 사회통합이 개인과 집단이 사회화 제도를 통해 공통된 사회적 규범과 가치들을 끊임없이 습득함으로써 가능하며, 그 결과 사회적 연대를 공고히 한다고 보았다. 이러한 점에서 이 책은 뒤르케임의 사회통합적 관점을 계승하고 있다. 달리 말해, 이 시대의 사회적 통합은 개별 집단과 개인들이 정책 프로젝트, 대표적으로 복지 제도에 적극적으로 참여하게 함으로써 국가사회의 통합에 이르게 하는 것이다. 이는 사회적 통합이 민주주의 원칙과 권리에 의해 합법성과 타당성이 주어지며 가장 본연적인 인간의 자유와 평등을 추구하는 국가 정책이 강조되어야 한다는 것을 말한다. 통합의 지향점은 결국 민주주의 복지국가 실현이라고 볼 수 있겠다.

통합이란 단어가 오늘날 불명확하게 다양한 의미로 사용되는 현실을 지적하며 제1장에서는 뒤르케임을 필두로 사회학자들에게서 인식되고 분석되는 통합의 개념을 살펴본다. 제2장에서는 이민자들과 그들 후세대에 대한 통합 논쟁과 통합 과정을 영국, 프랑스, 독일의 연구결과를 통해 밝히며, 제3장에서는 국가사회의 통합을 위한 근본이념과 제도적 대책을 살펴본다. 저자가 책에서 밝히고 있듯이, 여기서 우리는 통합이 이민자와 그 후세대에 제한된 것이 아니라 사회 소외계층을 비롯한 전체 사회 구성원들에게 해당되는 문제라는 점에 주의해야 한다.

유럽 국가에서 전개되어 온 사회통합의 과정을 통해 한국적 민주주의 복지국가를 달성하는 데 이 책이 참고가 되었으면 한다. 통합에 대해 정통한 사회학자가 충실한 사회학적 관점으로 서술한 이만한 책도 드물 것이다. 최대한 프랑스의 사회문화적 맥락을 드러내는 감각으로 번역하고자 애썼다. 용어에 대한 정확한 번역에 신중했고 경우에 따라 프랑스어를 그대로 두기도 하였고, 괄호 속에서 의미를 가미하기도 하였다. 한국적 인식의 틀에 익숙한 문장보다 프랑스적 인식을 드러내는 용어와 문장으로 번역하고자 했다. 이것은 때때로 최소한의 가공을 요구하기도 했는데 옳았던 것인지 잘 모르겠다. 마지막으로 이 책을 출판할 수 있도록 협조해 준 출판사와 동료 선생님, 그리고 무엇보다 가족들에게 늘, 언제나, 항상 감사드린다.

민주주의 복지국가를 기대하며

2012년 8월 30일

임지영

Contents

단어의 역사

통합이라는 단어는 특별하게도 중의적 의미를 가진다. 왜냐하면 이 단어가 정치학 언어에 속하고 동시에 사회학 언어에도 속하기 때문이다. 프랑스 정부는 1990년대 초 코피 얌난(Kofi Yamgnane)을 통합 정무차관(secrétaire d'Etat à l'Intégration)에 임명하였고, 2006년에는 장－루이 보글루(Jean－Louis Borloo)를 사회 융합 및 고용부 장관(ministre de l'Emploi et de la Cohésion sociale)에 임명하였다. 또한 통합은 뒤르케임(Durkheim)의 『*자살론(Suicide)*』에 등장하는 중요한 개념이고, 그것은 사회학자들에게 수많은 논쟁을 야기했다.

대립적 단어들의 조합은 대조적 방식으로 논쟁을 드러내고 있다. '위험한 계층', 달리 표현하여, 사회적 상황으로 인해 소외화된 계층을 말할 때, 사회학자들은 통합을 비통합에 대조시켰을 뿐만 아니라 아노미, 배제, 범죄, 일탈, 무효화, 분리, 대립, 분산, 소외, 차별, 탈퇴와도 대립시켰다. 일반적으로 사회에 대해, 엘리에제르 벤 라파엘(Eliezer Ben－Rafaël)은 최근 그의 작업을 통해 통합을 비융합과 배제,

분열, 분산의 반대된 단어로 정의하였다.[1] 이러한 대조적 방식은 개념을 잘 이해하도록 하기에 부족하다. 다양한 단어들의 선택은 인식의 논리와 관련되기보다 지배적인 정치적 사상과 공적 논쟁에 자주 관련되어 있다.

사회적 삶의 단어들은 더 이상 적확하지 않다. 우리는 왜 통합고등위원회(Haut Conseil à l'intégration)를 만들고, 사회편입을 위한 최저수입제(Revenu Minimum d'insertion)를 마련했는가? 이민자들과 그들의 후세대들과 관련되어서인가?[2] 이러한 논쟁은 통합의 본질과 단어의 선택에 대한 문제를 동시에 제기한다. 통합정책, 동화정책, 편입정책(혹은 흡수정책), 적응정책 혹은 '다문화주의' 정책을 펼쳐야만 했었을까? 우리는 마침내 통합 관계자들과 다문화주의 관계자들의 주장에 직면하게 되었다. '통합주의자들'은 개별 집단에 대한 정체화를 고려하지 않으면서 전체주의적이지 않았는가? '다문화주의자들'은 공화주의 사회의 필수불가결한 단일성을 검토하도록 요구되지 않았는가? 한편, 실제적으로 펼쳐졌던 정책을 어떻게 특징지을 수 있는가? 이러한 주제에 대한 논쟁은 다른 유럽 국가들에서와 마찬가지로 프랑스에서도 1980년대와 1990년대를 관통하며 지속되어 왔다. 우리는 오래된 그러나 여전히 현재 시점인 단어를 사용해 오면서 예컨대, 프랑스 국적에 대한 법률 69 조항 "만약 프랑스 공동체에 동화되었다는

---

1) Eliezer Ben-Rafaël, article «Intégration», dans Massimo Borlandi, Raymond Boudon, Mohamed Cherkaoui, Bernard Valade(dir.), *Dictionnaire de la pensée sociologique*, Paris, PUF, «Quadrige», 2005.

2) 지칭에 대한 개념은 언제나 사회적 현실을 내포한다. '2세대' 혹은 '이민한 젊은이들'이 그들의 부모나 조부모가 이민자 출신의 토착민이라고 정의하기에 부족함이 있다. 조부모나 부모세대의 이민경험이 프랑스에서 태어나거나 정착한 후세대들의 사회적 운명에 영향을 미치는 것은 지속되기 때문이다. 이민자 후세대들이 스스로 그들 출신에 따른 전통적 특성을 표명하고, 만약 그렇지 않다고 하더라도, 다른 사람들이 그들에게 그것을 부여한다. 따라서 '이민자 후세대'는 이민자 세대와 분리되어, 그들을 언제나 정확하게 정의하기 어렵지만, 부모들의 이민경험이 의미를 가지고 그들의 경험과 사회적 조건에 영향을 받는 대상이 되는 사람들을 지칭한다.

사실을 각자의 처지에 따라서 충분히 습득한 프랑스어의 이해를 통해 증명하지 않는다면 어떤 이들도 귀화할 수 없다"와 같은 동화정책을 말해야 하는가?

단어에 대한 논쟁은 연구자들의 단순한 강박관념이 아니다. 그것은 '논쟁의 본질'을 드러낸다. 사회학자들은 "나는 명칭에 부여한 의미를 나 스스로에게 경각시킬 목적으로 명칭을 결코 논의하지 않는다"라고 말한 파스칼(Pascal)의 생각뿐만 아니라 "매우 자주, 단어에 대한 논의는 논쟁의 본질을 드러낸다"[3]라는 생각도 그들 자신의 것으로 삼아야 한다. 1880년대에서 1950년대까지 사회학이 형성되는 기간 동안, 새로운 이민자들이 점차적으로 정착 사회의 구성원이 되었다는 과정을 설명하기 위해서 미국과 마찬가지로 프랑스에서도 '동화'라는 단어가 우선적으로 사용되었다. 이는 프랑스 국적법 조항으로도 잘 증명되듯이 시카고학파 연구자들이나 뒤르케임에 의해 사용된 단어에서도 찾을 수 있다. '통합'이라는 단어는 뒤르케임에 의해 전체 사회문제를 명칭하는 데 사용되었다. 이러한 연구들은 이민자들의 동화가 유일하거나 단선적인 과정이 아니라 다양한 과정 속의 불일치를 내포한 다른 방식과 분야를 포함하였다는 것을 보여주었고, 사회학자들이 사회적 삶의 다양한 제도 속에 참여하는 사회의 문화적 특징을 선별하여 구별 짓게 하였다.

단어의 개념에 대한 기초적인 연구가 축적되면서 1950년대 이후부터 단어의 의미는 다양화되었다. 연구자들에 의하면, 첫 번째로, 문화적 특징에 대한 단어 채택은 '문화변용', '동화', '문화직 동화' 혹은 '문화적 통합'으로 규정될 수 있었고, 두 번째로, 사회적 삶의

---

3) Raymond Aron, *L'opium desintellectuels*, Paris, Hachette, ≪Pluriel≫, 2002(1995), p.49.

다양한 제도들에 참여는 '구조적 동화', '사회적 동화', '통합', '사회적 통합' 혹은 '구조적 통합'으로 규정될 수 있었다. 미국의 많은 연구자들은 동화의 개념을 형용사로 명시하면서(구조적 동화, 문화적 동화) 동화의 개념을 지속시켰다. 그러나 프랑스의 대다수 연구자들은 20여 년 전부터 통합의 개념으로 결집되었다. 그들의 신랄한 비판은 이민자 출신들의 고유문화를 부정하고 파괴하는 과정의 동화를 드러내었다. 그런데 사실상 동화 정책이 최근에 이민을 한 이민자들의 특수성이 제거되었다는 것을 의미하지 않았다. 이것은 가능하지도 않고 선호되지도 않았다. 또한 동화 정책이 이민자들의 특수성이 사적 질서 속에서 유지되고, 단어의 광의적 의미로, 정치적 질서 속에서 그렇지 않다는 것을 의미하는 것도 아니었다. 그런데 시대정신은 바뀌었다. 동화에 부여된 비판에 의하면, 우선적으로 법률적이고 문화적인 의미인 이 단어가 마치 음식물이 소화되듯이 외국인들이 그들의 모든 고유성과 개별적 정체화를 상실하면서 정착 사회에 흡수되는 의미를 가지고 있었다는 것이다. 동화는 그렇게 민족주의, 식민주의, 제국주의의 뜻을 내포하며 나타났다. 그런데 1987년 정책총괄위원회(Commissariat général du Plan) 스테판 에셀(Stéphane Hessel) 의장에 의해 주도된 위원회의 보고서에서 '편입(insertion, 동화)' 정책의 지지가 '*이민*'(Immigration)이라는 단어로 주장되었다. *편입(동화)의 의무(devoir d'insertion)* 또는 '흡수' 정책(politique d''incorporation') 또는 '동화' 정책(politique d''accommodation')은 정착한 외국인들과 그들의 후세대들이 특수성을 유지하고 정착 사회의 교환에 참여하지 않는 폐쇄된 사회를 형성하였다고 볼 수 있었다. 이것은 사실의 관찰에서도 민주주의 사회의 이데올로기 측면에서도 현실에 부합되지 않는다.

주변의 다른 단어와 관련되어 있는 중의성 때문에 우리는 결과적으로 공적 삶의 영역과 학문적 영역에서 통합이란 단어를 선택하게 되었다. 이러한 결정은 의미가 있었다. 연구자들과 정치인들은 이민자 후세대들의 정착사회에 대한 참여가 그들의 출신문화를 잊어버리거나 잊어버려야만 한다는 것을 의미하지 않았다는 점을 주장하고 싶어 했다.

더구나, 통합이란 단어가 일상어 속에서(학교 혹은 공공 서비스를 '통합한다') 통용되는 사실 이외에도, 이것은 연구자들이 학풍의 세계로 진입하는 데 유리하게 작용하였다. 통합이란 단어는 사회학적 사고의 발전으로 타당해졌다. 그런데 만약 공적 삶에서 사용되는 단어를 채택하는 위험이 오늘날 1980년대와 1990년대보다 더욱 크다면, 그것은 통합 정책이 모든 유럽 정부들의 공식 정책으로 더욱 명백하게 채택되었기 때문이고, 뒤르케임의 연구 이후에 생기게 된 집단 전체를 유지하고 형성하는 통합의 개념으로 말미암아 개인과 집단 사이의 관계를 의문시하였던 사회학자들의 전통을 무시할 수 없게 되었기 때문이다. 규율의 개념, 달리 말해 규칙의 생산은 오늘날 많은 사회학자들에게 선호되는데 왜냐하면 역사적으로 나타났던 여러 다른 사회에서 개인들의 통합은 단지 규범에 행위를 복종한 결과물일 뿐만 아니라 집단적 삶에 개인들이 적극적으로 참여하는 특히 사회적 규범의 생산에 참여하는 결과물이기 때문이다. 근대 사회는 미래로 향하고 변화와 혁신으로 구성되고, 개인들은 이러한 혁신에 참여하면서 통합(용어의 적극적인 의미에서)되는 것이다. 통합은 이미 확립된 규범 속에 행동이 복종되어야만 한다는 내용을 내포할 수 있다. 규율은 개인들의 적극적인 역할과 개인과 다양한 집단이 새로운 규칙을 세우는 과정, 교환, 협상을 강조하는 것이다. 그래서 사회학자들은 통합의 개념보다 오히려 이론적 선택을 필수적으로 요구하지 않는 규율의 개념을 쉽게 채택하였다.

한편, 우리가 통합 혹은 규율에 대해 말할 때, 그것은 지적(학문적) 프로젝트와 관련되어 있다. 근대성이 야기했던 사회적 삶의 새로운 형태에 대한 염려로 탄생된 지적(학문적) 프로젝트는 근대 사회에서 공동체 삶을 유지하는 특별한 방식을 이해하도록 도와준다. 만약 좀 더 시의적절한 단어로 적시되기를 희망한다면, 우리는 사회학자들이 어떻게 사람들이 '함께 살아'갈 수 있는지에 대해, 민주주의 사람들이 '사회화'하는 방식에 대해 분석하는 데 목적을 가졌다고 말할 수 있다. 그들은 '포스트모던', '뒤늦은 근대성', '초근대적' 사회의 '사회 연대'의 본질을 탐색하기를 원한다. 그런데 우리가 규율, 통합, '사회화', '함께 살기', '사회 연대'를 거론할지라도, 의문은 여전히 동일하게 남아 있고, 이는 사회에 개인들의 통합문제와 전체 *사회의* 통합문제가 동시에 관련되어 있는 것이다.

그런데 이민자들과 그들 후세대에 대한 통합이란 단어는 부정적이게 되었다. 통합이란 단어는 무엇보다도 사회의 내재적 사명을 규정하는 데 도움을 주었지만(따라서 그것은 민주주의 가치의 측면에서 긍정적인 의미를 가지게 되었다), 지배적 관점의 특징을 드러내었다. 이것은 합당한 정체화 연구를 고려하지 않고 이중 문화를 주장하던 피지배자들에게 지배자들의 규범을 강요하는 것이었다. 부수적 가치들을 넘어서 (각 개인과 각 문화의 진정성, 차이에 대한 인식에 관한 권리) 카테고리(성, 나이, 출신, 사회적 소속)를 구별하도록 도와주는 사회학의 단어가 '경멸'의 단어로 사회적 삶 속에서 급격하게 인식되

었다. 그래서 민주주의 사람들이 모든 구별(distinciton)의 형태를 차별
적인(discriminante) 형태로 인식하는 경향으로 나타났다. 이민자들의
후세대들조차 통합정책이 그들을 가장 특별하게 운명 짓는 방식 속
에서 통합의 개념을 규정하는 데 동의하였고, 이 개념은 결과적으로
이민자 후세대들을 개별화하고, 이민자 후세대들을 낙인화하는 데 이
르렀다. 수많은 사회학자들은 연구조사를 할 때 "당신들은 내가 어디
에 통합되는 것을 원하십니까? 바로 나의 국가 프랑스입니다!"와 같
은 분개된 외침을 들었다. 사회학자이자 2005년 주거, 사회 융합 및
고용부 장관에게 전속된 기회평등정책위원회(Promotion de l'égalité des
chances) 수행관 아주즈 베가(Azouz Begagm)는 2003년에 마련되었지만
강력하지 않았던 통합 정책을 비난하였다. "이후, 이민자 출신들이
모여 사는 지역의 이주민들의 귀에 **통합**이라는 단어는 공격적이고
모욕적이며 거의 도전적으로 울려 퍼진다. 당연히 […] 통합의 단어는
퇴색하였다. 그 단어는 너무도 근거가 없어서 메말라졌다. 그것은 더
이상 이민자 출신들이 모여 있는 취약한 지역의 현실적 쟁점과 맞지
않다. 그곳에는 젊은이들이 있다. 그곳에서 젊은이들은 태어나기까지
한다! 통합이란 단어가 갑자기 시대착오적이게 된 이유는 통합이 그
의미를 다했기 때문이다."[4]

통합정책이 생산한 특정집단에 대한 적대적 거부감 때문에 사회적
행위자들의 주관성을 중시하는 데 관심이 있는 특정 사회학자들은
이 단어를 근본적으로 거부하게 되었다. 바로 이 지점에서 디디에 라
페이로니(Didier Lapeyronnie)가 재간 있게 논쟁한다. 그에 따르면 "모든
이가 이 단어를 만장일치로 반대하는데 왜냐하면 이것이 정치적 의

---

4) Azouz Begag, *L'intégration*, Paris, Le Cavalier Bleu, «Idées reçues», 2003, p.117.

미를 가졌기 때문이었다. 간단히 말해, 통합은 피지배자에 대한 지배자의 시각이다. 일반적으로 지배자는 피지배자가 통합되지 않는다[…]고 여긴다. 피지배자들이 통합되지 않는다는 것은 그들이 충분하게 사회에 참여하지 않는다는 것을 의미하고 그들이 잘 자라지 못했다는 것을 의미한다. 피지배자들은 무엇보다도 지배자의 개념에 위배되는 것으로(그들이 그렇지 않은 것으로) 정의되고 중심 규범의 결핍과 괴리에 의해 정의된다. 따라서 나는 우리가 프랑스 대중과 이민자, 그리고 이민 집단에 대해 말을 할 때, 통합의 단어를 피하는 것이 적절하다고 생각한다. 단어의 정치적 무게는 너무도 중요하고 그것이 함축하고 내포하는 단어의 사회적 관계의 형태도 너무도 중요하다. […] 상황을 규정하는 사람들은 상황을 살고 있는 사람들이 아니다",5) "통합을 언급하는 것은 매우 보수적이고 특권적이고 폐쇄적인 중산층의 시각을 반영한다."6)

사회학자들은 끊임없이 그들이 대면하고 있는 근본적인 문제를 제기한다. 사회적이고 정치적인 단어에 속하고 결과적으로 사회적 의미를 필연적으로 가지는 단어를 어떻게 정확한 방식으로 사용하는가? 해결은 당연하지 않다. 우리가 공적 삶의 모든 단어들을 동일한 의미로 결론지을 수 있고 또한 사회학적 분석 속에서 그것을 제거할 수 있을까? 단어의 사회적 용법 때문에, 뒤르케임 사상의 중심 개념이자 후세대 연구자들에게 전승되는 개념을 무시할 수 있을까? 만약 우리가 사회적 삶의 모든 단어를 거부한다면 사회학적 어휘는 무엇이 되

---

5) Didier Lapeyronnie, «Quelle intégration ?», dans Bernard Loche et Christophe Martin(dir.), *L'insécurité dans la vielle. Changer de regard*, Paris, «Les entretiens de Saint-Denis, L'oeil d'or, essais et entretiens», 2003, p.95.

6) *Ibid.*, p.96.

어야만 하는가?

디디에 라페이로니(Didier Lapeyronnie)는 그가 '사회적 관계, 사회적 집단 사이의 권력관계'를 분석했을 때 '피하기에 적절한' 단어를 피할 수 없으며 "이민자들이 고통받는 어려움은 통합의 문제와 관련되어 있지 않다. 나는 오히려 그것의 반대가 생산된다는 생각조차 하게 된다. 우리 사회는 매우 강력하게 사람들을 통합하고 빨아들이는 동시에 역류하는 펌프처럼 작동한다. 예컨대, 사실상 빈민 지역의 주민들은 소비의 세계, 또는 성공과 돈의 가치들에 대통합되는 상징적 세계에 대통합된다"[7]라는 가설을 그의 글에서 주장하고 있다. 고전이 된 그의 책에서 그는 이민자와 그들의 후세대들이 프랑스와 영국에서 공동체 삶에 참여하였던 방식을 비교하면서[8] '통합에 대한 질문', '국가 통합'의 모델, 이민자들의 '통합과 참여', '통합의 지역정책'에 대해 다루었다. 그는 이러한 점에서 이민 사회학자들과 공통점을 가진다. 1990년대 수많은 지식의 파괴와 명료화의 노력 이후, 그 결과 대다수 사람들에 의해 통합의 단어는 채택되었다. 그때부터 연구자들은 그들의 정책을 규정하기 위해 유럽의 모든 정치 책임자들이 채택한 통합의 공공정책과 혼합을 피하기를 원했고, 정치 행위자들과 거리를 두길 원하였다－프랑스가 알제리 정책을 규정하였던 이후, 통합은 여전히 프랑스의 알제리 정책을 부정하는 데 기여한다.

이는 우리가 사회학적 전통의 단어를 포기할 수 없다는 사실을 잘 보여준다. 왜냐하면 그것은 필연적으로 정치적 의미와 함께 사회적

---

7) *Ibid.*, p.97.

8) Didier Lapeyronnie, *L'individu et les minorités, La France et la Grande－Bretagne face à leurs immigrés,* Paris, PUF, «Sociologie d'aujourd'hui», 1992.

교환 속에서 사용되었기 때문이다. 예컨대, 사회계층, 유동성, 빈곤, 소외화, 부르주아, 문화 혹은 공동체의 경우가 아닐까? 어떤 개념도 비판으로부터 벗어날 수 없는데 왜냐하면 모든 개념이 공적 논쟁에서 이루어졌던 용법에서 독립적이지 않기 때문이다. 사회적 용법으로 오염되지 않은 어떠한 단어를 우리가 사용할 수 있을까? 사회학자는 모두에게 이해가 불가능한 새로운 단어들을 창조할 수 없다. 사회학자는 사회적 삶의 단어들을 비판하면서(비록 그 비판이 언제나 적절하지 않더라도) 그것을 사용할 수밖에 없다. 또한 인간 행동을 이해하고 일상어로 사용되는 단어에 사회학자가 제공한 의미를 특화하는 규칙을 강요하면서 단어에 정확성을 제공하려는 노력으로 내재적인 어려움을 받아들일 수밖에 없다. 게다가 사회학자에게는 그의 고유한 사고를 '명료화'하는 기회가 되는데 왜냐하면 단어에 대한 논쟁은 '논쟁의 본질'을 드러내기 때문이다. 개념이 그것 자체로 정의되지 않는다는 것을 머릿속에 새기는 것이 중요하며 그것이 이해(intelligibilité)의 요건이 된다. 개념은 발견적 가치들에서 평가되어야만 한다. 연구자들에 의한 인종주의 비판은 사회과학적 논쟁보다 개인적 경쟁을 더욱 드러내는데 왜냐하면 연구자들이 동화의 개념을 고수하고, 사회학적 전통에 근거하여 명시한 통합의 개념을 이해하지 못하여 통합의 개념을 거부하기 때문이다. 무엇인가 합리적인 인식에 기여하는 데 관심을 갖는 사회학자들에게 강요되는 것은 의미를 정의하는 것이다. 개념을 사용하는 맥락에서 의미를 정의하고, 이 개념이 인간들의 행위에 대한 이해에 기여하는 데 충분한지를 연구의 실행을 통해 검증하는 것이다.

모든 연구에 존재하는 정치학적 의미와 사회학적 의미 사이의 혼동이 특별히 통합의 문제에서 강도 높게 나타난다. 따라서 **_통합 정책_**

(정책(policy)의 의미, 즉 정치적 의지를 적용하고 규정하는 데 채택된 조치들의 전체)과 통합 과정의 사회학적 현상 사이에서 단어를 명백히 구별하는 것은 적절하다.

이민자와 그들 후세대들의 통합에 대한 공공정책이 불가피한 만큼 희망되고, 그것은 모든 유럽 국가가 선택한 공식적인 정책이 되었다. 프랑스의 경우 1987년 국적관리위원회(Commission sur la nationalité)에 이어 1990년 5월 국무총리 미셸 로까(Michel Rocard)의 주재로 개최된 원탁회의에서 ‘통합 계약’에 대한 주제들이 제기되었고, 통합고등위원회에서 이를 관리하게 되었다. 새롭게 설립된 통합고등위원회가 만든 첫 번째 보고서는 ‘*프랑스적 통합모델(Pour un modèle français d'intégration)*’이었다. 이러한 정책의 연속으로 프랑스 공화국 대통령은 재선이 있은 후 얼마 있지 않아 2002년 10월, 정부가 진정한 ‘통합 정책’을 수립할 것이라고 공포했다. 정부는 1990년대 중반에 이미 통합고등위원회가 제안하였던 ‘수용(accueil) 계약과 통합 계약’의 기본방향을 재개하였다. 이 계약들은 새로운 정착민의 권리와 의무를 규정하려고 했다. 사회적·직업적 생활수준향상정책을 개발하려고 했다. 또한 차별반대 투쟁과 대우평등의 보장을 담당하는 독립적인 권위체계를 만들려고 했다. 수용 계약과 통합 계약은 오늘날 대중적으로 새로운 정착민들에게 제안되는데 비록 제안된 교육(공동체 삶의 규칙에 대한 학습, 언어교육 수업)이 정착민들에 의해 언제나 성실하게 이행되지는 않을지라도 그들의 90%가 이에 동의하고 서명하였다.

평등과 차별반대 투쟁의 고등권위기관(Haute Autorité de lutte contre les discriminations et pour l'égalité)은 모든 형태의 차별(인종주의, 종교적 비관용, 성차별주의, 동성애 혐오)에 대항하기 위해서 2004년 12월

30일 법률로 승인되었고, 2006년부터 기관의 권력이 강화되었는데 이 때부터 형법적 합의권력을 배치하였기 때문이다. 2006년 1월 각료회의에서 채택된 법률안은 '취약한 지역에 정부의 영향력을 확대시키고 차별반대 투쟁에 기여하고 통합 활동을 강화하기 위해서, 사회적 결합과 기회평등을 위한 국가기관(Agence nationale pour la cohésion sociale et l'égalité des chances)의 설립을 고안하였다'고 밝힌다. 이 법률안은 '차별반대 투쟁과 통합을 위한 지원 및 활동자금(Fonds d'action et de soutien pour l'intégration et la lutte contre les discriminations)과 활동 추구'[9]라는 제목으로 계획되었다. 1972년 영국은 내무부 장관이었던 노동당의 로이 젠킨스(Roy Jenkins)가 '제압하는*(flattening)*' 동화의 과정이 아니라 상호 관용의 분위기 속에서 문화적 다양성을 동반한 기회평등*(equal opportunity)*'의 통합정책을 추진한다고 발표하였다. 전문위원들은 인종차별에 대항하는 역할을 맡았다. 2005년 7월 런던 테러 이후, 내무부 장관은 융합 및 통합위원회를 창립한다고 선언했다.[10] 독일은 정치 책임자들이 오랫동안 그들의 국가가 이민자의 국가가 되었다는 것을 인정하지 않았고, 수많은 교사, 연구자, 사회 복지가들에 의해 '다문화주의'에 대한 열망이 표명되어 겨우 몇 년 전부터 통합정책이 공식적으로 채택되었다. 예컨대 노르트라인베스트팔렌(Rhénanie−du−Nord−Westphalie) 주(州)는 정부기관인 통합부를 승인하고 과학자, 예술가, 기업가, 이민자로 구성된 통합위원회의 창립을 선언하였다. 연방정부는 통합을 위한 정무차관과 이민위원, 망명자, 통합위원을 위촉하였다. 프랑스에서 발생한 2005년 11월 폭동 이후,

---

9) Communiqué du Conseil des ministres du 11 janvier 2006.

10) Hazel Blears, Le Figaro, 30, décembre, 2005.

통합은 독일 정부 프로그램의 본질적 목표가 되었다. 2000년 1월 새롭게 정비된 국적법에서는 속지주의를 인정하고 특수 조건일 경우 이중 국적을 인정하였다. 민주주의 정부들이 배제, 소외, 일탈 정책을 펼친다는 것을 우리가 상상할 수 있을까?

1980년대 초까지 연이은 유럽의 동화정책과 이 이후부터 통합정책이라고 규정된 정책들은 모두가 같은 목적, 즉 공동체 삶에 모든 계층들이 참여하는 민주주의 사회와 동일한 목적을 가진다. 1950년 '인구(Population)'라는 잡지는 동화를 "평등성에 근거한 공동체 삶에 자유로운 참여"[11]로 규정하지 않았나? 이것이 정책으로서 통합의 정의로 적절할 수 있을까?

사회학적 의미에서 통합은 본질적인 문제의식을 가진다. 통합은 비판적 사고와 연구를 통한 인식의 대상이 되어야만 한다. 우리는 통합과 관련하여 리처드 알바(Richard Alba)와 빅토르 네이(Vitor Nee)가 소개하고 미국 대부분의 연구자들에게 전승된 '규범적 프로그램'과 '사회적 과정'으로 구분된 동화의 개념과 같은 동일한 구분을 해야만 한다. 즉 "정부에 의해 강요된 규범적 프로그램으로 소수의 문화를 말소하는 경향이 있는 동화는 정당하게 거부되었다. 그러나 다수와 소수 집단 사이 상호작용의 과정 속에서 즉각적이고 때때로 비의도적으로 일어나는 사회적 과정으로서 동화는 집단들의 관계에 대한 연구의 핵심 개념이 된다."[12] 우리는 연구결과와 공공정책의 결과로서 통합을 분야에 따른 차별적 발전, 차이, 귀환, 새로운(혹은 역행적)

---

11) «L'assimilation culturelle des immigrants», Supplément à la revue Population, 1950, p.21.

12) Richard Alba et Victor Nee, «Rethinking Assimilation Theory for a New Era of Immigration», *International Migration Review*, 31. 4, 1997, p.827.

모델의 개발 등과 같이 연구조사로 분석 가능한 모든 발전의 전체 과정으로서 사회적 과정의 통합과 혼동하지 말아야 한다. 통합 사회학은 사회적 과정의 의미를 이해하고 관찰 조사하는 데 목적이 있으며, 그것 자체로서 보수적이라고 간주되지 않는다.

연구자들은 공적 삶에서 통합이 사용되는 의미를 완벽하게 무시하는 것이 불가능하다고 인식하면서도 그렇게 해야만 한다. 예컨대, 연구자들 중 많은 이들이 통합에 대한 '왜곡된 질문'이 진정한 문제, 즉 외국인 출신 이민자들이 희생이 되는 사회적 불평등과 차별을 숨길 것이라고 주장한다. 이런 비판은 아마도 특정 정치인들과 관련될 때 성립될 수 있다. 그러나 사회학적 의미에서 통합에 대해 신중한 연구자들은 그 누구도 통합을 단지 민족적 차원(혹은 문화적 차원)으로 국한하지 않을 것이고, 따라서 소외된 계층의 경제적·사회적 상황을 무시하지 않을 것이다. 출신 민족과 소외, 낙인의 과정에 따른 사회적 특징에 대한 논쟁은 모든 민족 상호관계 사회학의 핵심이 된다. 비록 공적 삶의 특정 행위자들이 문화 간 양립성과 문화적 격차에 의문을 제기할지라도, 통합의 사회학적 용법은 상황과 사회적 관계에 대한 분석을 필연적으로 함축하고 있다.

우리가 목도하듯이, 단어의 사회학적 의미와 정치학적 의미 간의 이행은 지속된다. 연구자들은 그들이 동원하고 사용했던 단어들의 일상적 용법을 언제나 우선적으로 중요하게 생각한다. 그런데 연구자가 정치학적 의미가 아닌 사회학적 의미의 단어를 사용한다고 할 때, 어떤 연구자가 그러하다고, 동료들에게서조차, 인정될 수 있을까?

단어에 대한 논쟁을 넘어서, 시민 개인의 합법성에 근거한 사회통합에 대한 질문은 전통이나 종교가 더 이상 사람들 사이의 교환을 보장하지 않게 되면서 사회학적 의문의 본질로 부각된다. '공화주의 통합'의 의미가 무엇이고, 시민 사회에서 사회통합의 원칙과 철학은 무엇인가? 일 세기 이전, 사회학 창시자들에게 광범위한 의미로서 개인주의 사회에서 발생하는 사회적 연대의 본질에 대한 의문(연구자들 세대에게 계승된 의문)이 되었던 '통합'이 어떻게 이민자와 그들 후세대들이 정착사회에 참여하는 의미의 '통합'이 되었는가?

제1장 사회학적 사상의 전통

통합에 대한 질문은 근대성의 출현 이후 끊임없이 철학자와 사회학자들의 애를 먹여 왔던 의문이었고 사회학 연구과제의 시발점이기도 하였다. 근대 사회는 특별히 종교적 전통의 합법성에 대해 의문을 가진다. 또한 민주주의 역동성은 소외와 차별의 모든 형태를 비합법적이게 한다. 민주주의 근대성의 계획은 모든 개인을 평등하고 자유로운 시민으로서 국가사회에 통합하는 것이다. 전통과 종교가 더 이상 개인을 연결시키지 못하고, 추상적인 시민권이 정치적 합법성의 원칙이 되고 사회적 연대의 근거가 될 때, 개인의 주권으로 설립된 사회에서 어떻게 사회적 연대를 재건하고 유지할 것인가?

여러 가지 단어 속에서 이것은 사회학 사상의 모든 창시자들이 맞닥뜨린 의문이었다. 오귀스트 콩트(Auguste Comte)는 정신에 대한 합의가 필요하다고 하였다. 그는 구성원이 같은 믿음을 공유하는 방식에서만 사회를 형성할 수 있다고 보았다. 따라서 공통의 종교에 의해 더 이상 보장될 수 없었던 (사회적) 합의를 재창조하는 것이 중요하였다. 오귀스트 콩트는 이 임무를 바로 과학에 부여한다. 과학이 신념과 행동의 단일성을 재건해야만 하고, 종교적 사고관이 과거의 사회질서를 지배하였듯이 과학이 사회질서를 지배해야 한다고 보았다. 베버의 경우, 이해관계가 공통된 열정보다 사람들을 덜 화합시킨다는 사실을 목격하면서, 관료적 합리주의가 지배하고 '마법에서 풀려난' 근대 사회에서 어떻게 인간의 믿음과 자유—유일하게 진정한 교환을 허락하는—가 유지되는지를 의문시했다. 우리는 여기에서 근대 사회의 특징적인 통합 과정과 비통합 과정에 가장 직접적으로 영향력을 준 사상을 살펴볼 것이다.[1]

차이성에서 상호보완으로

사회학자가 관심을 가져야 할 주제로서 근대사회의 통합문제를 제기한 사람은 뒤르케임(Durkheim)이다. 그는 시민적 권리, 법률적 권리, 정치적 권리의 평등성으로 정의된 공통의 시민권만으로 사회적 연대를 구체적으로 보장하기에 충분하지 않다고 지적하였다. 시민권에서 발생되는 추상적 연대는 개인들 사이의 교환 전체에 기초해야 한다. 근대 사회를 이해하기 위해서는 반드시 사람들 사이에서 형성된 관계와 그들이 사회를 형성할 수 있었던 방식을 검토해야 한다.

---

1) 바로 이러한 이유로 우리는 비록 시카고 대학(l'Ecole de Chicago)의 일부 사회학자들이 짐멜(Georg Simmel) 의 작품과 관계될지라도 짐멜의 영향력이 최근까지 연구 전개에 매우 간접적으로 유지된다는 점을 확인할 뿐 이다. 아래의 자료를 참고: «Comment les formes sociales se maintiennent», dans Georg Simmel, *Sociologie et épistémologie*, Paris, PUF, «Sociologies», 1981.

기계적 통합과 유기적 통합

뒤르케임은 사회적 결합(cohésion sociale)이 사람들의 '유사성', 즉 '기계적 연대'로 더 이상 보장될 수 없음을 보았다. 사회적 집단은 집단이 증가되고 서열화가 되면서 서로가 점점 더 낯설게 되고, 각각의 활동영역이 각기 다른 규칙에 따라 지배되는 반면, 사회 조직은 기능과 직업의 극단적 차이로 특징지어지는데, 기계적 연대가 보장했던 지적 결합과 정신적 결합을 어떻게 보존할 수 있을까? 사회적 기능의 전문화가 사람들을 결합하는 교환을 위협할 수 있는 근대사회에서 어떻게 상호의존의 유대관계를 회복할 수 있을까? 근대사회가 분열되어 붕괴되는 위험에 빠지지 않을까? 여기서 (사회적) 합의를 찾는 것은 중요하다. 즉 공동체에 긴밀하게 결합된 통일체(unité)를 말한다. 이것은 더 이상 상호 교류를 할 수 있는 사람들 사이의 획일성에 의해서가 아니라－즉 기계적 연대－ 그들이 수행하는 기능의 상호보완에 의해－즉 '유기적' 연대－ 이루어지는 것이다. 이 개념은 마치 인간 신체의 다양한 기관들이 그러하듯 개인들이 협력하는 것을 의미한다. 이로써 근대 사회의 개인과 기능의 차이는 인간의 자유와 상호보완에 근거된 새로운 통합원칙을 정립한다. "각 개인은 노동이 분화되면 될수록 사회에 더욱 밀접하게 의존하고, 각 개인의 활동이 전문화될수록 개별화된다."[2] 근대사회에서 증가하는 사회적 차이로 인해 개인들의 교환은 노동 분화에 의해 강화되고, 노동 분화가 내포한 기능의 협력으로 강화된다. 유기적 형태의 근대 사회의 통합은 일반적으로 단순히 국가사회에 해당되는 것이 아니라 국가사회를 구성하는

---

2) Emile Durkheim, *De la division du travail social*, Paris, Alcan, 1922(1893), p.101.

모든 개별적 집단에도 해당된다. 바로 자살률의 변화가 그것을 보여준다. 뒤르케임은 우리가 '사회'라고 부르는 종교, 가족, 정치 '사회'에 개인이 참여하고 통합될수록 자살률이 낮아진다는 것을 보여주었다.

　실제로 자살률은 가톨릭 신자들보다 기독교 신자들 사이에서 더 높았고, 가톨릭 신자들의 자살률은 유대교 신자들보다 더 높았다. 가톨릭 신자들과 기독교 신자들의 차이를 설명하기 위해서 뒤르케임은 가톨릭 종교가 다른 칼뱅교나 루터교보다 더욱 제도적이라는 점을 강조한다. 성직자와 교계(敎界)제도는 자살률과 관련하여 큰 역할을 담당하고, 교리와 예배는 신자들을 정기적으로 모으는 역할을 하고, 종교에 의해 강요된 규율은 더욱 구속력이 있으며, 교구는 신자들의 규칙적인 교회 출석을 보장한다. 기독교는 더 개인적이고 내면적이며 외부적 구속력이 최소화된다. 기독교 신자들은 가톨릭 신자들보다 종교적 공동체에 덜 의존적이다. 가톨릭 신자 간의 상호작용은 빈번하게 일어나고 집단에 의한 통제가 강하지만, 공동체적 구속으로부터 자유로운 기독교 신자들은 돈독한 공동체가 만드는 보호로부터 벗어난다. 이러한 공동체는 그들 구성원의 행동을 통제하지만 동시에 개인들을 보호한다. 유대인들의 경우, 그들의 공동체가 가톨릭 신자들의 공동체와 비슷한 정도로 구속적이지만 그 효과는 박해로 인해 하나로 뭉쳐지는 유대인 소수자들의 상황에 의해 한층 더 강화된다. 가족사회의 경우, 뒤르케임은 기혼자들의 자살률이 미혼자나 혹은 사별한 사람들보다 낮고, 결혼한 부부가 아이를 가졌을 때 가족으로부터 얻는 안정감의 효과가 가장 크다는 것을 목격한다. 정치사회의 경우, 혁명, '정치적 혼란', '국내 전쟁'과 같은 '거대한 정치적 동요'가 있을 때 자살률은 떨어진다. "그리하여 우리는 다음과 같은 세 가지 제안을 점진적으로 전개했다. 자살은 종교사회, 가족사회, 정치사회에 통합한 정도와 반비례하여 나타난다. 만약 이러한 사회가 자살을 억제하는 영향력을 가진다면, 그것은 사회 각각의 개별적 특성에 따른 결과 때문이 아니라 사회 전체에 공통적으로 관계되는 원인 때문이라는 것이다. 그것은 종교의 효율성에 근거한 종교적 감정의 특성 때문이 아닌데, 왜냐하면 가족사회나 정치사회가 강력하게 통합되었을 때 그 사회들도 같은 결과를 생산하기 때문이다. 게다가 다른 종교들이 자살에 관련되어 있는 방식을 직접적으로 연구하면서 우리는 이미 그것을 증명했다. 역으로, 가족적 연대 혹은 정치적 연대 자체가 제공하는 특권을 설명할 수 있는 특성 때문도 아닌데 왜냐하면 종교사회도 동일한 특권을 가지기 때문이다. 그 원인은 모든 사회적 집단이 소유하는 같은 특성에서—어떤 집단이든지 일정 차이를 지니는— 찾을 수 있다. 그런데 이 조건을 만족시키는 유일한 경우는 강력하게 통합된 모든 사회적 집단일 경우이다. 따라서 우리는 일반적인 결론을 내리게 된다. 자살은 개인이 속한 사회적 집단의 통합의 정도에 반비례한다."[3]

형태학과 윤리학

종교적·가족적·정치적 '사회'의 통합을 정의하기 위해서 뒤르케임은 두 가지 측면을 지적한다. 개인들 사이 상호작용의 빈도수와 공통된 가치의 공유이다. 다시 말해 집단의 통합은 형태학적 특성과 정신적 일치에 의해 특징지어진다.

---

3) Emile Durkheim, *La suicide. Etude de sociologie*, Paris, PUF, «Quadrige», 1990(1897), pp.222~223.

통합은 결국 사회 속의 수많은 개인들과 그들 사이에서 일어나는 상호작용의 긴밀성으로 이루어지는 직접적 산물이다. "예방은 [자살에 대한] 가족관계가 긴밀할수록 더욱 완벽해진다. 즉 더 많은 (예방) 요소를 포함한다."4) "집단의 친밀성은 집단 내부의 활력이 줄어들지 않는 한 약화되지 않는다. 만약 집단적 감정이 특별한 에너지를 가진다면 각 개인의식이 그것을 느끼는 힘으로 다른 구성원들 속에서 상호적으로 울려 퍼진다. 그리고 각 개인의식이 획득한 친밀성은 공통된 집단적 감정을 느끼는 수많은 개인의식에 의존한다. […] 최소한의 공통된 생활방식을 가진 집단이라면 그 집단은 확실히 다른 집단보다 통합이 약하다고 말하는 것과 다름없다. 왜냐하면 사회적 집합체의 통합 상태는 그 속에서 통용되는 공동체적 삶의 친밀성을 반영하기 때문이다. 집단 구성원들 사이에 상업이 더욱 활성화되고 지속될수록 통합 상태는 더욱 강건해진다."5)

구성원들의 수와 그들의 상호작용 이외에도, 집단의 통합은 수용의 결과이고 가치생산과 공통된 실천의 생산물이며 개인들의 즉각적인 이해관계를 넘어서는 공통된 목적의 결과이다. "무엇인가 이 [종교적] 사회를 구성하는 것은 일정 정도의 신앙생활과 모든 신자에게 해당되는 전통적이고 의무적인 실천생활이다."6) "전쟁과 같은 큰 사회적 혼돈은 집단 감정을 자극하며, 애국심 같은 소속감을 부추기며, 동일한 목적을 향해 집중시킴으로써 국가적 신념과 같은 정치적 신념을 자극한다. 사회적 혼돈은 최소한 한 시대 동안 사회의 가장 강

---

4) *Ibid.*, p.208.

5) *Ibid.*, p.213 et 215.

6) *Ibid.*, p.173.

력한 통합을 결정짓는다. 우리를 존재하게 하는 유익한 힘은 위기에 있는 것이 아니라 그 위기가 원인이 된 투쟁에 있다. 위기는 공통된 위험에 대처하기 위해 사람들이 서로 긴밀해지도록 하기 때문에 개인은 그 자신에 대해 소극적으로 생각하게 되고, 공통된 사안을 적극적으로 생각하게 된다. 게다가 우리는 이러한 통합이 순전히 일시적일 수 없지만, 특히 통합이 긴밀할 때, 즉흥적으로 그것을 야기했던 원인보다 때때로 통합이 오래 지속되는 것을 이해한다."7) "모든 사회는 정신적 사회이다."8)

우리는 이러한 결과를 좀 더 근대적 의미에서 설명할 수 있는데, 필립 베나르(Philippe Besnard)가 통합에 대한 뒤르케임 이론을 제안한 요약문에서 살펴볼 수 있다. "사회 집단은 1) 공통된 인식을 가지고 같은 감정과 믿음과 실천을 공유할 때(종교사회), 2) 구성원들끼리 상호작용이 있을 때(가족사회), 3) 공통된 목적에 열중할 때(정치사회)9) 그들의 구성원들이 통합되었다고 말할 수 있다."

통합은 개인들의 자율권을 양도하면서 개인을 집단에 종속시키는 것은 아니지만(마치 '이기적 자살(suicide altruiste)'의 경우처럼) 개인을 집단에 결합시켜야 한다. 통합은 개인이 집단에 결합되기 위해서 충분해야 하지만 과하지도 않아야 한다. 가족, 종교, 조국은 "그것이 사회라는 일반적인 사실 때문에 모든 효력이 있다. 또한 가족, 종교, 조국이 잘 통합된 사회라는 조건에서만─개인의 의미에서도 집단의 의미에서도 아닌─불균형이 없을 때, 가족, 종교, 조국이 효력이 있을

---

7) *Ibid.*, p.222.

8) E. Durkheim, *De la division…, op.cit.*, p.207.

9) Philippe Besnard, *L'Anomie. Ses usages et ses fonctions dans la discipline sociologique depuis Durkheim*, Paris, PUF, « Sociologies », 1987, p.99.

뿐이다. 모든 다른 집단이 동일한 결합 형태를 가지기만 한다면 동일
한 행위를 가질 수 있다.”10)

바로 이러한 이론으로부터 뒤르케임이 부여한 교육의 역할을 이해
해야만 한다. 교육은 미래의 시민들에게 사상과 감정의 공동체를 유
발하는 책임을 담당한다. 교육 없이는 정치적 사회가 통합되는 것이
가능하지 않다. “사회는 구성원들 사이에 충분한 동질성이 있을 때만
존재한다. 교육은 공동체 생활양식이 요구하는 근본적인 유사성을 어
린아이의 정신에 미리 인식시킴으로써 동질성을 강화하고 영속하게
하는 것이다.”11) 더구나 이런 의미에서 볼 때 모든 교육은 사회화이
다. 교육은 “무엇인가 외부에서 우리에게 강요하는 것을 우리 스스로
가 세웠다”12)라고 우리 자신을 믿게 하는 것이다.

뒤르케임 이론은 사회*에* 개인들의 사회(전의적) 통합과 연관이 있
는데 왜냐하면 『*자살론(Suicide)*』*에서* 자살률-아노미의 표시-은 작
은 사회이든 국가사회이든 개인들이 통합된 ‘사회’에 참여할수록 더
욱 낮아진다는 주장을 하기 때문이다. 따라서 통합은 국가사회와 모
든 개인을 구성하는 모든 개별 사회(가족, 교회, 정치 사회 혹은 직업
집단과 같은)에 해당된다. 그러나 이것은 또한 아노미(혹은 기계적 비
통합)에 의해 위협받는 개인주의 사회*의* 전체적인 특징이기도 하다.
유기적 통합으로 특징지어지는 근대사회는 붕괴의 위험을 내포한다.
뒤르케임은 혼란과 사회 조직의 ‘병적인’ 변질을 관찰한다. 근대사회
가 개인이 자신의 개성을 표현하는 것을 격려할수록, 앙드레 지드

---

10) E. Durkheim, *De la division…, op.cit.,* pp.234~235.

11) E. Durkheim, *Education et sociologie,* Paris, PUF, «Le sociologue», 1966(1922), p.50.

12) E. Durkheim, *Les règles de la méthode sociologique,* Paris, PUF, 1968(1894), p.7.

(André Gide)의 표현을 따르면 결코 대체할 수 없는 존재가 되고, 그들의 개인적 열망을 만족하게 할수록, 개인은 모든 사회적 삶에 내재된 교육(규율)의 필요성을 잊어버리는 위험에 처한다. 그런데 개인의 욕구와 기대가 공동체의 억압에 의해 통제되기만 하는 사회는 있을 수 없다. 모든 사회는 구성원들이 특정 교육(규율)을 엄수하고 그들의 열정을 억제하고 그들의 열망에 한계를 정한다는 것을 전제로 한다. 구성원들은 한계를 알고 있다.

필립 베나르가 뒤르케임이 개인 사이의 관계를 양적 친밀성(긴밀성)으로 규정한 통합이 규범화 혹은 사회적 규칙의 생산과 구별된다는 것을 분석적으로 보여주었다면, 구체적인 경우를 분석할 경우에도 그 구별은 여전히 유지된다. 개인 사이의 관계 친밀성(긴밀성)은 공통규칙을 제정하고 공통규칙의 역할은 다시 집단 내부의 상호 개인적 관계의 친밀성(긴밀성)을 강화하고 집단이 개인에게 행사하는 통제를 강화한다. 통합이 약화되고 자살률이 높아질 때, 뒤르케임이 이것을 '이기적 자살(suicide égoïste)'이라고 규정하듯이 개인은 그 자신 이외에 더 이상 어떤 것도 고려하지 않는다. 통제가 약화될 때 자살률은 증가하는데 왜냐하면 개인은 그들의 끊임없는 욕구를 통제하는 규율을 더 이상 알지 못하기 때문이다. 바로 이것을 뒤르케임은 '아노미적 자살(suicide anomique)'이라고 했다. 그러나 이런 사실에서 통합과─통합의 약화는 이기적 자살의 비율로 드러난다─ 통제는─통제의 약화는 아노미적 자살의 비율로 나타난다─ 긴밀하고 불가피하게 연결되어 있다고 할 수 있다. 뒤르케임 자신조차 이와 같은 관계를 인정했다. "그것은 일반적으로 같은 사회적 상태의 다른 두 가지 모습일 뿐이다. 따라서 그것이 한 개인에게서 동시에 나타나는 것은 놀라운 것이 아니다. 이기주의자들이 일정 정도 무절제한 태도를 가지는 것은 거의 불가피하다. 왜냐하면 이기주의자들은 사회와 결별되었음으로 개인을 규제하는 사회가 이기주의자들의 태도에 충분한 영향력이 없기 때문이다.”13) 『*L'Education morale(정신적 교육)*』에서 뒤르케임은 사회적 통합의 조건은 개인 ‘의지의 자율성’만큼 ‘사회 집단에 결합’을 포함하고, 이 때문에 필수적인 ‘규율의 정신’이 유지되고 사회적 규율이 엄수될 것이라고 진술한다.

일반적으로 뒤르케임의 통합에 대한 질문이 사회에 해당되었다는 점을 강조해 보자. 외국인들의 참여와 그들의 자녀들과 같은 특별한 경우를 분석하기 위해서 그는 ‘동화(assimilation)’라는 용어를 사용했고 이 용어는 1980년대까지 매우 일반적으로 통용되었다. 유기적 연대 사회에서, 그는 동화가 ‘오래 걸리고 복잡하다’고 판단했다. “연대감이 약해질수록, 즉 사회적 조직이 느슨해질수록, 외재적 요소가 사회 내부에 통합(incorporer)되기가 훨씬 쉽다. 그런데 하층민에게 있어서 귀화는 세상에서 가장 간단한 작업이다. [⋯] 역의 현상은 바로 기능이 전문화된다는 점으로 관찰된다. 외국인은 당연히 사회에 임시적으로 편입될 수 있지만 동화되는 작업은, 즉 귀화는 길고 복잡하다. 이 작업은 특수한 조건에 순응하고 명백하게 표명한 집단의 동의 없이 더 이상 가능하지 않다.”14) 바로 교육이 이민자의 자녀들을 국민으로 귀속시킬 것인데 왜냐하면 “세대로부터 전승된 결과를 해체하고 옛 자리에 새로운 사람을 배치시키기 위해서는 한 세대만으로 충분하지 않기 때문이다.”15)

---

13) E. Durkheim, *Le suicide*⋯, *op.cit.*, p.325.
14) E. Durkheim, *De la division*⋯, *op.cit.*, pp.122~123.

모스는(Mauss)−그가 비록 통합보다는 사회적 결합이라고 종종 말하긴 했지만− 뒤르케임과 같은 정의를 내렸다. 모스는 근대 국가를 통합에 의해 정의했다. 근대 국가는 제도에 의해, 무엇보다도 중앙 권력의 존재에 의해 통합된다. "그 영향력이 미치는 정치 사회의 안정적 조직, 중앙권력의 힘과 영속성, 스펜서(Spencer)는 이것을 씨족에 근간을 둔 비통합된 사회와 통합된 사회를 구분하면서 통합이라고 불렀다."16) 그는 통합의 제도적 조건을 강조했다. 그것은 중앙 정부, '인종, 문명, 언어, 정신, 한마디로 국가적 특성'으로 '정해진 국경', 중개적 역할의 정치적 인물의 부재(씨족, 집성촌, 부족, 왕국, 봉건대지주), 시민권, '사회보장제도'의 상호성이다.

"우리가 국가라고 하면 물질적 혹은 정신적으로 통합된 사회, 즉 안정되고 영구적인 중앙 권력으로서의 사회, 정해진 국경으로서의 사회, 정부와 법에 의식적으로 동조한 주민들로 구성된 윤리적 · 정신적 · 문화적 일체의 사회를 말한다."17) "사회의 통합 없이는 국가는 있을 수 없다. 다시 말해 국가는 씨족, 집성촌, 부족, 왕국, 대지주 같은 모든 세부 집단을 없애야 한다. [⋯] 통합은 이를테면 국가와 시민 사이의 매개가 존재하지 않는 자연스럽게 달성된 형태의 국가 속에 있다."18) "완전한 국가는 일정 정도 민주주의적 중앙권력에 충분히 통합된 사회이고, 국가 최고통치권의 개념을 가진다. 일반적으로 국가는 인종, 문명, 언어, 정신의 국경이 되어 한마디로 국가적 특징이 국

---

15) *Ibid.*, p.279.

16) Marcel Mauss, *Œuvres, 3. Cohésion sociale et division de la sociologie*, Paris, Minuit, «Le sens commun», 1969(1920), p.581.

17) *Ibid.*, p.584.

18) *Ibid.*, p.588.

경이 되는 국가이다."[19]

근대 국가는 시민권의 실천에 의해 통합된다. "전체 사회는 어느 수준에서 최고의 정치기관인 정부가 되었다. 바로 시민들의 총체이다. [···] 국가는 합의에 의해 움직이는 시민들이다."[20] 이것이 진정한 정신인데 왜냐하면 "조국과 시민이라는 두 개념은 본질적으로 하나 혹은 같은 제도이고, 하나 혹은 같은 이상적이고 실천적인 정신적 규율이며, 현실적으로 하나 혹은 같은 주요 사실이고, 또한 모든 독창성과 새로움 그리고 비교할 수 없는 정신의 존엄성을 근대 공화국에 제공하기 때문이다."[21] '정신적·심정적·문화적 일치', '이상적이고 실천적인 정신적 규율', '비교할 수 없는 정신적 존엄성'과 같은 '정신'에 의해 통합된 사회는 '세대별', '성별', '동족' 그리고 '연령계층'의 '얽힘'으로 조직된 모든 구성원들 사이의 상호작용과 교류를 통해 이루어진다. "그리하여 모든 집단은 서로서로가 얽혀 있고, 상호적 사회보장, 세대별 얽힘, 성의 얽힘, 동족의 얽힘, 연령계층의 얽힘에 따라 모든 집단은 구성원들을 조직한다."[22] 개인들 사이의 관계적 친밀성(긴밀성)은 사회통합과 국가 통합의 충분조건이 된다.

이와 같은 기조에서 알브바슈(Halbwachs)는 구성원 간의 관계와 구성원들을 연결하는 가치를 유지하는 다양한 집단들의 통합을 보장하는 개인들의 역할을 강조한다. 그는 '가족 정신이 불균형하게 나타나는' 가정에서조차, 구성원 중 누군가는 좀 더 특별하게 "가족적 전통에 애착을 가지고, 전통을 이해하고 그것을 지속시킨다."[23] 가족, 종

---

19) *Ibid.,* p.604.
20) *Ibid.,* p.593.
21) *Ibid.,* p.593.
22) *Ibid.,* p.20.

교, 정치 집단들이 유지되기 위해서 가장 설득된 자들이 행위 하는 '중심'이 존재한다. "이 중심에 누군가가 매우 근접해 있고, 모든 빛을 거기에서 받으며, 그가 중심을 활성화하는 활동가가 되며 선구자가 된다."[24] 이러한 개인들은 집단 내 통합에서 중요한 역할을 하는데 왜냐하면 그들은 가치와 공통된 신념에 매우 적극적으로 참여하기 때문이다. "반드시 집단의 지역이 있어야 하는데, 그 속에서 여론과 믿음이 강화되고 명백해지고 뚜렷해진다. 그곳에서 개인들은 믿음과 여론을 집중시키고 그것이 개인들에게 힘을 가지게 되어, 전체에 끊임없이 영향을 미치게 된다."[25] 결과적으로 그것은 "교회에서 믿음을, 가정에서 가족정신을, 정치집단에서 정치적 신념을 깨우치는"[26] 개인들의 몫이다. 우리는 사회적 수준의 분석에서 이것을 다시 목격하게 된다. 알브바슈에 따르면 노동자들의 노동조건은 타인들과의 관계에서가 아닌 생명력 없는 물질과의 관계에서 형성된다. 그래서 노동자들은 공통된 가치의 중심, 즉 사람들 사이에서 일어나는 교환이 사회적 통합을 유지하는 지점에서 멀어진다. 그들은 노동자 계급의 강력한 통합으로 벌어진 간격을 오랫동안 좁혀 왔다. 노동자 계층의 통합은 약해지고 이것은 오늘날 노동자의 어려운 상황을 설명한다.[27]

---

23) Maurice Halbwachs, *Esquisse d'une psychologie des classes sociales*, Paris, A.Colin, 1955, p.37.

24) *Ibid.*, p.41.

25) *Ibid.*, p.53.

26) *Ibid.*, p.54.

27) 노동자 계층의 수치감에 대한 연구는 다음 참고문헌을 참조. Stéphane Beaud et Michel Pialoux, *Retour sur la condition ouvrière. Enquête aux usines Peugeot de Sochaux-Montbéliard*, Paris, Fayard, 1999.

사회적 연대의 본질

독일 사회학의 전통은 개인들 사이에 성립된 연대의 본질에 우선적으로 의문을 가진다. 퇴니스(Tönnies)는, 이후 베버(Weber)에 의해 재조명되는 유명한 사회적 연대 구분인, 공동사회(공동체), 즉 공동체적 연대(Gemeinschaft)질서와 이익사회(결사체), 즉 연합적 연대(Gesellschaft)질서를 구분하였다. 이 대립은 사회학 연구에서 진부하게 취급되지만, 그것의 가치를 등한시해서는 안 된다. 공동사회 혹은 공동체적 연대의 원칙에 지배된 전통사회는 직접적이고 감정적인 관계를 근거로 하는 가족집단, 마을집단, 공동체적 집단이고, 이익사회 혹은 연합적 연대의 원칙에 의해 지배되는 근대사회는 분열되고 합리적이고 관료적이고 개인주의의 특징으로 이루어진다. 우리는 전통사회와 근대사회라는 너무 단순한 대립으로 가치를 축소해서는 안 된다. 두 통합의 양식은 모든 구체적 사회에서 찾아볼 수 있다.

퇴니스(Tönnies)는 공동체(communauté)와 사회(société)로 구분하며 자연스럽고 활동적인 공동체에 호감을 표시하였지만 사회는 기계적이고 인위적이라고 보았다. "모든 시대로부터 시골의 삶의 가치를 가졌던 것은 사람들 사이에서 가장 강력하고 활기 있는 공동체가 되었다. 공동체는 진실하고 지속적인 공동의 삶이다. 그러나 사회는 일시적이고 명확하다. 우리는 일정 정도, 공동체를 활기 있는 기관으로서 이해할 수 있고, 사회를 기계적이고 인위적인 집합체로 이해할 수 있다."[28] 그에 의하면 '공동체'는 '피'의 관계로 맺어진 연대감이 지배하는 근

---

28) Ferdinand Tönnies, *Communauté et société. Catégories fondamentales de la sociologie pure*, Paris, Retz-CEPL, 1977(1887), p.48.

원적 사회적 상태를 반영하고, 어머니와 자식을 결속시키고, '동물적 관계'에 대한 조치로서 남편과 아내를 결합하고, 형제자매를 결속시키는 연대의 힘을 가진다. 이러한 피의 공동체는 공간의 공동체를 형성하여 공동 주거의 형태를 나타낸다. 가족적 연대 이외에, 이웃과 친구와의 우정은 공동체적 형태의 연대를 가진다. 그러나 '통일체는 혈연관계 속에서 가장 직접적인 방식으로 존재할 뿐이며 이에 따라 인간 의지로 인한 공동체 가능성', '공간적 접근' 그리고 '정신적 친밀'이 존재할 뿐이다.[29] 공동체적 삶은 공동체 속에 개인들이 그들의 존재를 완전하게 가담시켜 완전하고 전체적인 관계를 보장한다. 그러한 삶은 기본적이고 깊은 감정의 일치를 가능하게 하고, 그들 구성원 사이의 완벽한 연대감을 가능하게 한다.

'사회(société)'는 '공동체(communauté)'와 본질적으로 대립된다. 달리 말해 그것은 "평화적인 방식 속에서 사람들끼리 활기 있고 지속적으로 유지되는 인간 집단에 유기적으로 연결되지 않고 유기적으로 분리되어 있다. 반면, 공동체 사람들은 모두 분리되어 있지만 연결되어 있고, 사회 내 사람들은 모두 연결되어 있지만 분리되어 있다. […] 이 점에서 사람들 각각은 개별적이고 다른 사람들과의 긴장상태 속에 있다. […] 만약 서비스의 교환이나 최소한 그들의 것과 대등하다고 평가되는 재능의 교환이 없다면, 어떤 누구도 다른 사람을 위해 무엇을 하지 않을 것이며, 어떤 누구도 다른 사람에게 무엇을 제공하거나 그것을 인정하려고 하지 않을 것이다."[30] '사회'라는 이 인위적 집합 속에서 개인 각각은 본질적으로 다른 사람들로부터 고립되어 있고

---

29) Ibid., pp.62~63.

30) Ibid., p.81.

분리되어 있다. 공통된 삶은 그때부터 계약으로 규정되는데, 달리 말해 정확한 주체를 규정하고 일정기간 동안 두 주체들의 의지의 결과로 정의된다. 개인들 사이의 협력은 제한되고 임의적인 합의를 거치고, 이러한 합의는 개인 각자의 본질적인 독립에 의문을 제기하지 않는다. 따라서 '개인 각각은 상인이다'라고 퇴니스에 의해 언급된 아담 스미스(Adam Smith)의 표현대로, 시민 사회는 본질적으로 교환의 사회가 된다. 사람들은 그 속에서 그들의 권력과 이윤창출의 의지를 발현시키고, 계급투쟁과 같은 정치가 발생되며, 유기적 결합은 사라지고, 사람들은 법 없이, 두려움 없이, 단지 그들의 유일한 야망에 의해 성숙하게 된다.

'공동체'와 '사회'는 유기적 의지(본성에 대한 표현)와 추상적 목적을 세우고 그것을 달성하기 위해 최선의 수단을 결정하는 성찰된 의지에 근거한다. "유기적 의지는 그 자체로 공동체의 조건을 나타내며 성찰된 의지는 사회를 생산한다. 생활분야와 공동체적 노동은 여성들에게 특히 선호되고 필수적이다. 집은 그들 행동의 고유하고 친밀하고 자연스러운 장소이다. 거리나 시장이 아닌 장소이다." 달리 말하면 "공동체는 유기적 의지의 관계에 의해 구성된 형태이고, 사회는 성찰된 의지의 관계에 의해 구성된 형태이다."[31] 인간들의 공동체는 공동체를 구성하는 사람들의 의지로 이해된다.

퇴니스는 '계약적 지위로 변화', 달리 말해 '공동체'에서 '사회'로 전이하는 특징을 보인다는 점에서, 진화론적 관점에 입각한다. 그는 대도시에서 "사회의 형태를 목격했다. 사회는 본질적으로 상업이 생산적 노동을 지배하는 상업 도시이고, 사회는 산업 도시이다. […] 사회

---

31) Ibid., pp.213~214.

는 언제나 산업과 상업이 공존하는 과학과 문화의 도시이다."32) 따라서 세계의 역사발전을 두 시대로 나누어 정리할 수 있고 "두 시대는 거대한 문화 발전에 대면하고 사회의 시대는 공동체의 시대를 잇는다. 공동체 시대는 화합, 관습, 종교와 같은 사회적 의지로 특징지어진다. 사회의 시대는 협력, 정책, 공공 의견으로 특징지어지는 사회적 의지로 나타난다."33) '공동체' 시대와 '사회'의 시대, '공동체적' 연대의 시대와 '사회적' 연대의 시대가 존재한다. 공동체 시대는 가족 공동체와 이웃 공동체의 전통적 세계의 특징을 가지고, 공동체 마을은 단순한 형태일 뿐이다. 그러나 거대 산업 도시나 상업 도시에 의해 구현되는 '사회' 시대는, 즉 사람들이 부분적이고 임의적인 방식의 관계를 맺는 시대, 필수불가결하게 공동체 시대의 뒤를 따라온다. 역사는 '공동체'에 대한 '사회'의 불가피한 승리를 보여준다. "가족생활과 가정 경제는 공동체 시대에 근본적 성격을 부여했고, 상업과 대도시 생활이 사회 시대의 성격을 제공하였다. 그러나 만약에 우리가 공동체 시대를 좀 더 고려한다면, 그 속에서 다양한 시기를 구분할 수 있다. 공동체의 완전한 발전은 사회를 향한 발전이지만, 공동체의 힘은, 그것이 줄어들지라도, 사회의 시대에서 유지되고, 사회적 삶의 현실로 남아 있다. [···] 사회의 시대는 도시가 마을에서부터 발전될 때 시작된다. [···] 이와 같이 가장 최근의 공간적 원칙은 공동체 시대 속에서 가장 오래된 시간의 원칙과 연결되어 있다. 사회적 시대 동안 그것은 분리되었고 대도시를 이루었다. 그래서 우리는 시장의 발달이 도시인과 도시적 삶을 향한 발전적 경향으로서 여겨질 수 있다는 의미로 이

---

32) Ibid., p.276.

33) Ibid., p.280.

해할 수 있다."34) 가족의 구성원을 결합시키거나 마을 집단의 구성원을 결합시키는 긴밀한 연대는 '사회'가 복잡해지고 발전함에 따라서, 대도시가 가장 극하게 보여주듯이, 추상적이고 법률적인 유대로 대체된다.

만약 퇴니스가 역사적 의미 속에서 '공동체'와 '사회'의 대립을 구분하였다면, 맑스 베버는 분석적인 방식으로 동일한 구분을 하였다. 그에게 '공동체화(communalisation, Vergemeinschaftung)' 혹은 '공동체'(communauté)의 형성과 '사회(sociation, Vergesellschaftung)' 혹은 '사회'(société)의 형성은 역사적 현실이 아닌 분석적인 개념－혹은 이념형(types idéaux)－과 관련되어 있다.35) 비록 의도적인 방식으로 '사회'의 논리가 근대 사회에서 팽창되지만, 구체적 형태의 사회는 각각의 사회가 서로 간의 다른 사회적 형태의 논리를 나타내는 특징을 가진다. 그런데 거시 사회학적 질서의 확산은 '공동체'의 논리가 지배적인 사회적 형태와 일치한다. 이것은 '사회' 고유의 논리가 확산됨에 따라 사라지게 되는 사회적 존재와 관련되어 있지 않은데, 예컨대 가족 내부의 연대는 공동사회 혹은 공동체적 연대(Gemeinschaft)의 질서 논리로 남아 있게 된다. 오늘날 '새로운 종교운동'이나 민족감정의 부활에서 우리가 관찰할 수 있는 새로운 '공동체적' 논리는 베버의 분석적 틀에서 찾아볼 수 있는 것이다.

베버 자신은 그의 '공동체화'(communalisation)와 '사회'(sociation)의 구별이 퇴니스의 구별을 '상기시키지만' 덜 '특수한' 방식이라고 지적한

---

34) Ibid., pp.281~282.

35) Jean-Pierre Grossein는 '공동체'«communautarisation»와 '사회'«sociétisation» 두 가지 의미를 해석하자고 제시했다.

다. 그의 구별은 사회집단이 구성될 때 인간관계에 대한 본질을 특징 짓는 데 목적이 있다. 통합의 과정은 집단(groupes)을 창조하는데 어떤 집단들은 '공동체'(communauté)의 논리를 따르고 어떤 집단들은 '사회'(société)의 논리에 복종된다. 분석은 상태와 관련된 것이 아니라 과정과 관련되고, 단어의 적극적인 의미에서 '공동체'(communauté 혹은 communalisation)의 구성과 '사회'(société 혹은 sociation)의 구성에 관련되어 있다. 첫 번째 경우, 집단의 근간은 전통적이고 감정적인 이유로 집단에 소속감을 가지게 되는 감정이다. 가족은 그것의 '가장 적절한 형태'를 구성하지만 형제들의 정신적 공동체, 성(性)적 관계, 동정의 관계, 국가 공동체 혹은 동료애로 결합된 집단은 그것과 다른 예를 제공한다. 두 번째의 경우, 연대는 계약적이다. 이는 아주 넓은 의미에서 이해관계를 통하여 사람들을 연관시킨다. '사회(sociation)'는 합리적 이해와 상호계약에 근거한다. 가장 '순수'한 계약의 형태는 행위자들의 자유로운 합의에 의해 시장에서 이루어지는 합리적 교환, 정확한 행위로 도출되는 결과를 획득하려는 구성원들의 자유로운 합의로 결정된 목적을 가진 연합체, '원인'을 해결하기 위해 구성원들의 공통된 신념으로 이루어진 연합체이다. 베버는 개별적 집단 혹은 사회적 실체를 설명하지 않고, 인간 집단이 형성되고 인간관계의 방향이 형성되는 논리를 분석했다. 만약 사회(sociation)의 과정이 공동체(communialisation)의 형태보다 확실히 근대 사회에 더욱 많이 나타난다면, 사회(sociation)의 과정은 공동체의 형태를 배타적으로 특징화시키지 않는다. 이러한 두 논리에 의해 해석되기에 충분한 사회적 현실은 공동체(communialisation)논리의 사람들과 사회(sociation) 논리의 사람들 간의 사회적 연대의 얽힘으로 형성된다. "대부분의 사회적 관계는 부분적으로 공동체(communalisation)의 특징을 가지고 있고 또한 사회(sociation)의 특징도 가지고 있다."[36] 가장 합리적인 관계는 감정적 가치를 생산할 수 있다. 반대로 '공동체(communalization)'의 형태에 복종된 사회적 관계는 합리적 의미로 전향될 수 있다. 가족은 "그들 구성원들에 의해 '사회(sociation)'로서 발전"될 수 있다."[37]

노베르 엘리아스(Norbert Elias)의 상호작용 사회학 이론은 서양 문명의 발달 과정에 대한 분석을 통해 근대사회의 개인들을 결합하는 연대의 특징을 밝히는 맑스 베버의 이론을 심화한다. "(개인과 사회의 대립을 넘어) 대중 사회 속에서 개인들이 서로 연결되어 있는 방식의 새로운 개념을, 좋건 나쁘건, 찾아야만 한다."[38] 혹은 달리 표현해서, "고립된 개인들 다수가 어떻게 고립된 개인들 다수의 결합 그 이상의 어떤 것과 다른 어떤 것을 형성하는지 이해해야만 한다―즉 어떻게 그들이 '사회(société)'를 형성하고, 사회를 구성하는 어떤 누구도 실제 사회가 발전되는 방식을 원하지도 않았고, 예측하지도 않았고, 계획하지도 않았던 사회로 왜 변형될 수 있는지를 이해해야만 한다."[39]

엘리아스에 의하면 서양 문명의 역사는 항상 더 광범위하고 강력하게 인간을 통합시키는 것으로 특징지어진다. 통합의 매커니즘은 '끊임없이 거대한 통일체의 통합을 지향한다.' 사회적 기능에 따른 증가하는 차별성과 정부의 합법적 권력의 독점화 과정은 개인들 사이의 관계를 더 긴밀하고 복잡하게 만든다. 개인 각각은 "다른 개인들

---

36) Max Weber, *Economie et Société*, tome premier, Paris, Plon, 1971, p.41. 나(슈나페)는 사회(société)와 공동체(communauté)가 퇴니스(Tönnies)와 베버(Weber)의 의미에서 사용되는 것을 알리기 위해 인용부호로 표시한다.

37) Ibid., p.42.

38) Norbert Elias, *La société des individus*, Paris, Fayard, 1991, p.32.

39) *Ibid.*, p.41.

과 함께 기능적 상호관계 속에서 항상 살고 있다. 이것은 다른 사람을 이어주는 끈이고 —직접적으로 혹은 간접적으로—그들 자신을 연결시키는 끈이다. 이런 끈은 쇠사슬만큼 가시적이거나 만질 수 있는 것이 아니다. 이것은 더 유연하고 다양한 변형이 가능하지만 실제적이고 확실히 단단하다. 그리고 사람들이 서로가 서로를 대체할 수 있는 기능 전체로 '사회'라고 부르기에 가장 정확하다."[40]

개인들은 상호작용의 관계적 끈에 의해 서로서로 연결되어 있고 이는 엘리아스에 의해 다양한 영역—계층, 임상집단, 카페, 유치원, 마을, 도시 혹은 국가— 속에서 예들로 제시되었다. 어떠한 사람도, 소외의 형태이든 명백한 고립의 형태이든, 두 개인들 간의 직접적인 관계처럼 구체적일 수 있거나, 법률적이고 정치적인 관계처럼 추상적일 수 있는 연대로부터 피할 수 없다.

"거리에서 마주치는, 언뜻 보기에는 낯설고 서로서로가 관계없는 각각의 존재들은 보이지 않는 끈인 대중에 의해서 그리고 노동이나 소유의 관계에 의해, 충동적이거나 감정적인 관계에 의해서 다른 존재와 연결된다. 다양한 질서의 기능들은 사람들을 그렇게 만들거나 연대에 의존하게 하였다. 각각의 존재들은 그들의 유년 시절부터 상호작용의 조직망에서 살고 살아왔기에 마술 지팡이 한 번으로 단절할 수도, 변형할 수도 없다. 이 조직망의 구조조차 그것을 가능하게 하는 조건에서만 변형될 수 있을 뿐이다. 각각의 존재들은 변화하는 관계의 조직에서 살고 그러는 사이에 최소한 부분적으로 그 속에 젖어 들어 개인화한다… 이러한 기능적 상호작용은 개별 인간 집단 속에서 매우 특별한 구조를 가진다."[41]

---

40) *Ibid.*, p.52.

일차적 집단이나 국가 집단에 따라서 상호작용의 끈은 일정 정도 길고 직접적이다. 그러나 개인들은 서로서로가 연결되는 구체적이고 추상적인 이러한 연대의 전체 바깥에 존재하지 않고 사회는 그들 밖에 존재하지 않는다. 사회적 세상은 결과적으로 그것 자체로 상호 관계의 조직일 뿐이다. "체스처럼, 상대적 독립 속에서 수행한 모든 활동은 사회적 체스판(경쟁무대)에서 일격을 가하고, 이것은 행위자의 (첫 번째 체스주자) 활동의 자유를 제한하면서 반드시 다른 개인들의 반작용을(현실적으로 사회적 경쟁무대에서 많은 개인들에 의해 실행되는 수많은 반작용) 일으킨다."[42] 사회 구성원들의 개별성은 거기에서 밀접하게 결정되는데, 왜냐하면 "무엇인가 표시를 하고 개인을 인간 세상 속에 연결하는 것은 −무엇인가 그에게 삶의 틀을 제공하는 것이기도 한− 단순하게 동물적 본성의 투영이 아니라 자신의 욕망과 행동, 다른 사람들의 욕망과 행동, 살아 있는 자와 죽은 자, 그리고 특정 방식으로 아직까지 세상에 태어나지 않은 사람들 간의 불가피한 상호작용 때문이다. 한마디로, 다른 사람에 대한 개인의 의존, 개인에 대한 다른 사람들의 기능, 다른 사람에 대한 개인의 기능이다."[43] 개인의 자유와 권력은 그가 포함된 상호작용의 조직망에서 행위 하는 역량으로 측정된다. 언제나 열정과 감정을 증폭시키는 통제와 개인들이 스스로에게 강요하는 자기 구속은 서양의 '문명' 과정에서 나타나는 특징이다. 통제와 자기 구속은 개인에게 '내재성의 구조'가 인간 사회의 역사적 규명에서 이해될 뿐이라는 점을 알게 하였다. 즉 개인

---

41) *Ibid.*, pp.50~51.

42) Norbert Elias, *La société de cour*, Paris, Flammarion, 1985(1939), p.153.

43) Norbert Elias, *La société des individus…*, op.cit., p.84.

과 사회는 그들의 상호작용 속에서 이해될 수 있을 뿐, 그것은 분리
되지 않는다. 사회 속에 개인의 통합은 사회통합과 분리되지 않는다.

규범적 통합

미국 사회학자들은 사회적 연대의 본질에 대한 질문을 넘어서 정
책적 관점에서 사회적 통합에 대한 의문을 가졌다. 전 세계 출신의
인구들이 어떻게 단일 국가를 만들 수 있었는가? 이 질문은, 의미 있
게, 소외화의 다양한 형태에 대한 연구로 전개되었고 동시에 이민('사
회적 혼란')에 대한 지속적인 규범의 결핍에 대한 성찰이었고, 공동체
적 규범의 위반(범죄)에 대한 고찰이었다.

'사회적 혼란'

1920년과 1935년 사이 시카고학파(l'Ecole de Chicago)를 구성하고 미
국 사회학의 전통을 성립한 사회학자들은 이민 인구가 단일하고 결
집된 사회를 구성할 수 있었던 과정—같은 시대 프랑스에서 동화
(assimilation)라고 불리는 과정—에 대해 의문을 가졌다. 사회학자들은
미국 사회에 대한 의문을 표출하였다. 동화의 패러다임에 동조하는
사회학자들은 변화의 속도, 규모, 과정의 의미를 분석하는 것을 목적
으로 삼았다. 어떻게 공동 주거를 관리하고 민족적이고 인종적인 공
동체들 사이의 분쟁을 조절할 수 있는가? 특히 1960년대까지 '검은
문제'로 규정되었던 비합법적 출생, 마약중독, 범죄, 사회적 소외와

같은 다양한 형태와 밀접하게 연결되어 나타났던 문제를 어떻게 해결할 수 있는가? 사회학자들은 그들이 이러한 문제를 해결하는 데 기여할 수 있기를 희망하면서 과학적 방법으로 문제를 다루려고 노력하였다. 그들의 의문은 우선적으로 시카고학파 사회학자들에 의해 제기되어 공식화되었지만 미국 사회의 통합과 존재(구성)에 관련되어, 민족관계와 도시문제를 다루었던 전문가들의 전공 영역을 초월하며, 전체 미국 사회학자들의 주류 연구가 되었다. 민족 및 인종 공동체의 관계에 대한 문제와 예컨대, 사회적 차별, 빈곤, 범죄, 폭력과 같은 도시에서 발생하는 문제는 언제나 미국 사회의 통합문제와 관련되어 사회학적 주요 연구를 유발하였다.

그 첫 번째 연구물이 윌리엄 토마스(William Thomas)와 플로리안 즈나니에츠키(Florian Znaniecki)(1888~1956)의 『폴란드 농민(*The Polish Peasant*)』[44]이라는 책이다. 이 책은 두 세계 대전 사이에 시카고 대학에서 발달한 '사회적 혼란'에 대한 연구를 소개하였다. 두 저자는 이민자들의 불안정한 정신적 상태가 인종에 기인한 것이 아니라 이민으로 인한 일상생활에서 일어나는 사회적 변화와 직접적으로 연결되어 있음을 보여주고자 했다. 이러한 변화를 분석하는 데 두 저자는 집단 구성원들에 대한 사회적 규범의 영향력 약화를 규정하면서 '혼란(désorganisation)'이라는 개념을 소개한다. 공동체에 의해 요구된 규범들로 행위 결정되었던 일차 집단에서 길러진 미국에 이민 온 많은 폴란드 사람들은 폭력, 직업의 불안정성, 부부생활의 단절, 그들 자녀들의 범죄 행위 등과 같은 범죄적 문제를 잉태하였다. 그들은 더 이

---

44) William I. Thomas et Florian Znaniecki, *The Polish Peasant in Europe and America*, Chicago University Press, 1918~1920.

상 그들이 떠나온 사회의 규칙을 준수할 수 없었고, 그들이 정착한 사회의 규칙을 채택하지도 않았다. 그들에게 혼란은 이민의 결과물이 아니었고 오히려 반대로 가족 혹은 공동체적 전통 농경사회의 폴란드가 이민방출을 유발했던 사회적 질서의 혼란 때문이었다. 한때 미국 이민자들은 그들의 출신사회를 재구성하지 않고, 미국 교육의 습득, 출신국가별 도시 공간의 분할, 이민자들 사이의 연대, 폴란드 언어로 현지 언론을 발행했던 영향력 등과 같은 근거를 바탕으로 사회적 삶의 새로운 형태를 재구성하였다. 이는 이민자들이 새로운 규칙과 새로운 제도를 단계적으로 정비하였던 '재구성'의 단계였다. 그들은 고유문화의 재구성된 요소를 존속시켰던 방식으로는 정착 사회에 완벽하게 동화되지 못했다. 그래서 이민자들의 점진적 동화를 촉진하는, 피할 수 없고 동시에 희망되던, 폴란드—미국인 공동체가 구성되었다. 이민자들은 어느 날 그들이 소속된 개별 공동체의 소속감에서 벗어나게 된다. 공동체 삶에 지속적으로 참여하고, 그들의 고유 언어를 지속적으로 사용하면서, 이민자들은 정착 사회의 정신과 역사 그리고 언어를 배웠다. 이민자들의 미국화는 점차적으로 변형되고 개인들이 정착 사회의 공동체 삶에 단계적으로 적응할 수 있도록 민족 집단에 소속되는 과정을 거친다. 우리는 이 책이 사회적 소외화에 대한 연구이자 동시에 새로운 정착 사회 속에서 일어나는 이민자 통합연구를 근거로 한다는 것을 알 수 있다.

사회적 구조와 문화적 구조

사회학자는 언제나 사회적 구조와 관련시켜 통합에 대한 질문을 하였다. 1930년대부터 소로킨(Sorokin)은 노동 분화에 연결된 기능적 상호의존을 근간으로 한 통합-'사회적 구조'-과 논리적이고 적절한 내부의 결합에 의해 통합된 문화적 체계-'문화'-를 구분하고 소개하였다. 이러한 구분은 비록 다른 단어로 표현되지만 근본적으로 통합 사회학의 핵심을 이룬다.

우리는 개인들이 사회구조 속 개인들의 지위에 따라 지배적인 문화적 환경에 적응하는 방식을 특징짓기 위해서 머튼(Merton)의 분류학을 근거로 통합문제를 다시 살펴본다. 그 시대 미국 사회에서의 통합 방식을 이해하기 위해서 지금은 고전적 분석이 된 내용을 간단하게 환기해 보자. 머튼에 의하면, 개인의 통합 방식은 두 문화적 변수로 결정되는데, 첫째 문화적 목적 혹은 개인들의 문화적 열망이고, 둘째 제도적 규범 혹은 목적에 접근하는 방법이다. 이 두 가지 변수는 세 번째 변수인 구조적 변수, 즉 제도적 수단, 달리 말해 문화적 목적에 접근하는 기회의 객관적 분배로 결정되고, 이것은 사회구조를 직접 생산한다. 분류학(1938)의 첫 번째 해석에서 머튼은 문화적 목적과 제도적 규범의 차이로부터 발생하는 본질적인 모순을 보았다. 이후 (1957, 1964) 그는 문화적 목적과 제도적 수단의 차이, 즉 구조적 변수[45]의 분류학을 만들었다. 텍스트의 연속적인 불명확성에도 불구하고, 필립 베나르(Pilippe Besnard)의 분석에 의하면, 머튼은 문화적 구조와 사회적 구조의 구분에 관심을 가졌다. 첫 번째는 "사회 구성원 혹은 해당 집단의 공통된 행동을 지배하는 규범적 가치들로 구성된 전

---

45) Robert K.Merton, «Social Structure and Anomie», *American Sociological Review*, 3(5), 1938, p.672-682; Social *Theory and Social Structure*, New York, Free Press, 1957; «Anomie, Anomia and Social Interaction», dans M.B. Clinard(ed.), *Anomie and Deviant Behavior. A Discussion and Critique*, New York, The Free Press, 1964, pp.213~243.

체"로 정의되고, 두 번째는 "사회 혹은 집단의 구성원들이 다양하게 결부된 사회적 관계들로 구성된 전체"로 정의된다. 아노미 현상 혹은 사회적 비통합은―즉 거기서 도출되는 범죄현상― 문화적 목적과 제도적 수단의 차이, 달리 말해 사회적·문화적 구조 차이에서 발생되는 것이다―차이는 실망과 좌절감을 일으킨다―. 그 차이는 "특히 규범과 문화적 목적 사이에 첨예한 불일치가 존재할 때 발생되는 문화적 구조 속 단절, 그리고 규범과 문화적 목적에 적합하게 행위하는 집단 구성원들에 대해 사회적으로 결정된 가능성"이다. 문화적 구조와 사회적 구조의 비틀림은 다양한 일탈의 형태를 유발한다. 모든 미국인들은 부자가 되기를 희망했지만 모든 이들이 그들의 사회적 위치 때문에 적법한 수단을 사용하면서 거기에 도달할 수 있는 객관적인 기회가 마련되지 않았다. 만약 사회적 카테고리의 청소년 범죄가 증가한다면, 그것은 그들이 중간계급에 대한 열망을―부자가 되는 것― 드러내는 것이지만 그들이 그것을 현실화하는 데 적법한 수단을 가지고 있지 않다는 것을 말한다. 목적과 수단의 불일치는 공동체적 규범에 개인들이 적응하는 방식을 설명한다. 즉 그들의 행동에서 나타나는 복종과 일탈의 부분을 설명하는 것이다.

따라서 머튼은 개인들의 적응방식에 대한 분류학에서 복종주의, 혁신, 관례주의, 은둔, 그리고 반항으로 나누어 다섯 가지 태도를 구별한다. 복종주의는 "문화적 목적에 복종, 또한 제도화된 수단에 복종"으로 정의된다. 그것은 특별히 상류층의 특징을 나타낸다. 이것은 가장 흔히 볼 수 있는 형태이고 사회의 안정성을 보장하는 형태이다. 혁신의 형태에 복종하는, 대다수가 하류계층 출신인, 개인들은 문화적 목표를 달성하기 위해 부당한 수단을 사용하고, 일탈 행위와 범죄

행위조차 저지른다. 관례주의 형태에 따르는 사람들은 종종 중간계층 출신이며 문화적 목적을 희생하고서라도 수단을 특권화한다. 그들은 그들의 열망을 만족시킬 수 있는 지점까지 그들의 열망을 떨어뜨린다. 은둔의 태도를 채택하면서 문화적 목적과 제도적 수단을 동시에 거절하는 사람들은 비사회적이 되거나 알코올 중독자 혹은 마약중독자 등이 된다. 그들은 공통의 문화적 목적을 내면화하지만 그것을 현실화시키는 어떠한 수단도 가지지 않는다. 마침내 이들은 반항의 태도를 취하며 목적과 수단을 거부하고 문화적 체계 밖에 위치한다. 이것이 다른 사람들과 다른 태도의 '적응(adaptation)' 형태이다. 이와 같은 분석에 대한 비판들이 무엇이든지, 다른 연구자들의 분석에 의해 제시되었던 내용이 무엇이든지, 통합의 문제가 가치와 규범, 사회적 구조의 차이에서부터 비롯된다는 것을 여기에서 이해하는 것은 중요하다.

파슨스(Parsons)는 뒤르케임의 문제제기를 이어받았지만, 사회 내부의 차별화와 인간행위의 필수적인 협력에 대해 논의하였다. 그에게 규범적 통합에 대한 의문은 중요한 테마 중 하나이다. 그가 말하는 아노미는 개인적 행위에 대한 규범의 영향력이 파괴되는 혼란 상태이다. 한 사회가 통합된 사회가 되기 위해서, 개인 사이의 필요한 상호작용이 이루어지기 위해서, 개인들은 공통의 규범적이고 상징적인 세계를 공유하는 것이 중요하다. 공동체적 삶의 규칙은 동일한 가치에 근거한다. 이러한 공통의 가치가 사회적 체계의 구조적 요소에서 제도화될 때 사회는 통합된다. 따라서 우리는 머튼의 분류학의 의미를 찾아내고 사회적 구조와 문화적 구조 사이의 관계를 재발견한다. 파슨스는 일탈의 분류학을 구축하기 위해서 능동성-수동성, 복종과

-소외의 두 축을 조합하고 머튼의 분류학을 본질적으로 다시 분석하였다. 그가 보았을 때, 머튼의 복종은 두 축의 균형점에 위치한다. 일탈의 다른 형태를 유발하는 규범의 관계는 다양한 측면에서 분석될 수 있다. 가장 일반적으로, 여자와 남자처럼, 모든 사람들의 카테고리에 적용될 수 있는 규범, 기업이나 학교와 같은 공동체에 관한 규범적 형태, 아버지의 역할과 어머니의 역할 혹은 선생님과 학생의 역할처럼 개별 공동체 내부의 규범이다. 규범이 엄수되지 않을 때 처벌은 모든 측면에 존재한다. 사회적 통합은 이러한 다양한 하위체계에서 연속적으로 일어나는 통합의 산물이다. 파슨스는 근대 사회에서 기능과 분야들이 발달함에 따라 증가하는 차별화를 설명하기를 원했고, 동시에 행동의 일반체계에 다양한 하위체계가 공존하는 통합을 설명하기를 원했다. 행동의 일반체계는 개인이 점진적으로 공동체의 규범을 내재화하고 공동체 삶의 다양한 요소들에서 분리되는 가능성을 보완하는 사회화 과정, 달리 말해 지속적인 학습을 통해 이루어진다. 개인들의 행동에 대한 모든 협력은 문화, 사회, 개인성 사이의 충분한 일치를 가능하게 하는 공통된 사회화에 근거한다. 파슨스에게 통합된 사회에 대한 생각은 선과 악의 사회학적 기준이 되었는데 사회의 기능에 대한 강조는 사회학자의 정신에 위험적 요소가 되었다.

규범에 복종

일탈 현상-청소년 일탈, 범죄, 마약중독, 방황-에 대한 집중적인 연구는 1950년대 1960년대 사이에 이루어졌으며 규범체계에 개인행동을 복종하는 것으로 통합의 정의를 내렸다. 사회학자들은 우선적으로 사회 속에 젊은이들을 결속시키는 연대의 약화, 즉 약화된 통합 때문에 젊은 범죄자가 발생되는 특징을 보여주었다. 예컨대 트래비스 허시(Travis Hirschi)에 의하면 개인이 사회에 결합하는 연대의 요소는 네 가지이다. 1. 개인들이 다른 사람들의 기대를 고려하도록 유발하는 타인과의 결속(애착), 2. 결속을 위태롭게 할 수 있는 무엇인가를 피하는 데 이유를 제공하는 학업 프로젝트 및 직업 프로젝트에 청소년들의 가담(헌신), 3. 청소년들에게 조금의 빈틈을 주지 않는 참여활동(관여), 4. 법률이 준수되어야만 한다는 신념(믿음). 이러한 연대를 통해 청소년들이 사회에 연결될 때 범죄를 저지르는 어두운 청소년들은 감소된다.46) 우리는 마약중독자들에 관해 같은 분석 형태를 찾을 수 있다.

또한 사회학자들은 젊은 범죄자들을 특징짓는 약화된 통합과 강력한 통합의 결합 형태를 보여주었다. 이 경우는 사회화의 부재가 아닌 '상이한 사회화(socialisation différentielle)'에 관한 것이다. 에드윈 서덜랜드(Edwin Sutherland)와 도널드 크레시(Donald Cressey)는 범죄적 특성을 강조했는데 그것은 작은 집단 속에서 전이되고 그들 구성원들끼리 영속적이고 긴밀한 관계를 유지하는 것이다. 이렇게 강력하게 통합된 집단의 내부 속에서 하류계층의 청소년들이 범죄의 기술을 배우고, 특히 사회질서 체계에 대립되는 가치체계에 의해 사회화된다. 약화된 통합이 범죄의 원인을 설명하는 것은 아니지만, 전체 사회에 결합되는 개인의 약화된 통합으로 하위 범죄집단에 개인이 결합되는 강력한 통합 간의 모순이 그것을 설명한다.47)

---

46) Travis Hirschi, *Causes of Delinquency*, University of California Press, 1969.

47) Edwin H. Sutherland et Donald R. Cressey, *Principes de criminologie*, Paris, Cujas, 1966(1960).

앨버트 코헨(Albert Cohen)은 범죄 청소년들의 하위문화의 특징을 강조했는데, 그것은 유용적이지 않고, 부정적이고, 공격적이고 단시간에 쾌락주의에 노출된다는 점이다. 하위문화는 지배적 문화에 영향을 받지만 자의적으로 의미가 생성된다. 그것은 *중간계층의* 가치에 적응하기 위해 필요한 수단을 가지지 못한 하류계층의 아이들이 느끼는 사회적 좌절의 형태이다.[48] 또한 사회적 통합의 실패된 결과이다. 범죄자들은 그들의 가치를 내재화하고 그들이 가담한 하위집단의 규범을 준수한다. 그들은 우선적으로 전체 사회의 가치와 규범에 위배되는 반문화인 하위문화를 계승하였다. 범죄 집단 속에서의 통합은 전체 사회 속의 통합을 위태롭게 한다.

범죄 사회학자들은 1950~1970년대를 통해 규범과 가치의 대립적 의미에서 통합을 바라보았다. 범죄 사회학자들에게 사회통합은 전체 사회를 구성하는 하위체계에 개인들이 통합된 결과였다. 가장 핵심적인 개념으로 아노미를 채택하면서, 범죄 사회학자들은 통합과 규칙을 동일화하는 데 애를 썼고, 전체 사회의 규칙에 개인들의 행위와 실천들이 순응되는 결과로써 사회적 통합을 이루는 데 애썼다. 일탈을 측정하기 위해 모든 사회학자들에 의해 이 시기에 사용된 지표(범죄율, 이혼율, 비합법적 출생률, 자살률)는 그것이 통합의 규범적 개념과 관련되어 있다는 것을 잘 보여준다.

이러한 관점이 상호작용주의 사회학자들에 의해 재검토되기 시작했던 때는 1970년대이다. 이들은 개인들 사이의 상호작용 그리고 개인과 사회기관 사이의 상호작용의 역할을 강조했다. 이때 상호작용은 개인들이 사회기관에서 비의도적으로 야기하고 유지하는 연속적인

---

48) Albert K. Cohen, *La déviance*, Gembloux, Duculot, 1971(1966).

단계를 거치게 되면서 그야말로 범죄자들의 '경력'을 가지게 되는 역할을 하는 것이다.[49] 통제기관은 일탈 행위를 카테고리화하면서 개인들에게 범죄적 행동의 한계를 지정하고 일탈자들을 '낙인'(labelling)하는 데 목적이 있다. 르메트(Lemert)가 소개하는 구분에 따르면, 특별한 사회적 조건에서 발생되는 '일차적' 일탈은 '이차적' 일탈을 야기하고 사회통제기관과 함께 개인의 상호작용을 일으킨다. 개인은 일탈을 촉발하고 범죄성을 강화하는 기관 관련자들의 개입과 그들의 태도와 행동으로 인해 일탈 속에서 강화된다. 무시와 낙인의 감정을 내재화한 사람은 그의 일탈적 행위로 자신의 정체화를 규정한다.

'지평 개념(concept‒horizon)'과 연구의 시작

수십 년 동안 주류를 이루었던 규범적 통합 사회학이 객관적 분석에 집중하고 모든 규범적 관점을 밝히는 데 관심을 가진 많은 사회학자에게 통합의 개념(notion)이 관심 밖이 되었던 이유를 부분적으로 설명한다. 그러나 사회학자의 주저는 통합의 개념들이 너무도 일반적인 개념이 되어서 연구과정 속에서 그러한 논쟁을 전개할 수 없다고 여기는 데 있다.

개념들(notions)에 대한 비판

사회학자는 통합의 개념을 '가정하고 단언하는' 것에서 벗어나 '그

---

49) Howard S. Becker, *Outsiders. Studies in the Sociology of Deviance*, New York, The Free Press, 1963.

것을 재해석하고 재정립하는' 것으로 시작하는 것이 중요하고, 통합 개념의 용법이 정체화의 개념으로서 '개념 비판에서 시작되어야 한다'는 점도 중요하다.[50] 우리는 정체화로서 통합을 '지평 개념(concept-horizon)'으로 파악해야 한다. 끌로드 레비스트로스(Claude Lévi-Strauss)가 그것을 명확히 설명하는 것처럼, 우리는 "상당수의 어떤 것을 설명하기 위해 가시적인 집과 같은 것으로부터 우리를 판단하는 것은 필수불가결하다. 그러나 실제적 존재를 가지는 것은 결코 없다. 내가 의문을 갖는 모순점과 민속학자에게 '당신은 다른 사회를 완벽하게 연구하기를 원합니다. 그러나 사회를 연구하기 위해서 그것을 정체화 속에 한정시킵니다'라고 제기한 모순점의 해결은 정체화의 개념을 초월하고 그 존재가 순전히 이론적이라고 보여주려는, 즉 어떤 경험도 실제적으로 일치하지 않는 한계, 인문과학의 노력에서 존재할 뿐이다."[51] 그중에서 정체화, 시민권, 유동성, 소외, 빈곤의 개념처럼, 통합의 개념은 '순전히 이론적이고', 그것은 '어떤 경험에도' '현실적으로 일치하지 않는다'. 그러나 비록 개념이 직접 참여관찰에 적합하지 않더라도, 비록 개념이 직접적으로 연구의 시작점에서 유효하지 않더라도, 개념은 사회학적 의문을 이끌어 갈 수 있다.

게다가 뒤르케임이 "사회적 연대가 모든 정신적 현상이고, 이런 현상은 정확한 관찰로 측정되지 않고, 특히 사회적 연대를 측정하는 데 적합하지 않다. 이런 분류를 비교하고 수행하기 위해서 [사회적 연대에 대한 다양한 종류] 우리를 벗어나는 내부적 사실을 외부적 사실로 대체해야만 한다. 그것은 내부적 사실을 상징화하고 외부적 사실을

---

50) Claude Lévi-Strauss(dir.), *L'identité*, Paris, Plon, 1977, p.331.
51) *Ibid.*, p.332.

통해 내부적 사실을 연구하는 것이다. 이 가시적 상징이 바로 법(法)이다"52)라고 했을 때, 이미 통합의 의미에서가 아니라 사회적 연대의 의미에서 이러한 방식을 고려했었다. 통합의 원칙이 기계적인 사회에서, 법은 대체적으로 억압적인 형태이다. 그것은 공동체 인식을 해하게 하는 실수와 범죄를 처벌하는 것과 관련된다. 통합의 원칙이 유기적인 사회에서, 법은 대체적으로 복권시키는 형태와 협조적인 형태를 가진다. 우선 사회적 규범의 결핍을 벌하지 않는 것도 중요하지만, 사회적 규범이 실수가 있었기 이전처럼 어떤 것을 재배치하는 것과 개인들 사이의 협력을 보장하는 것은 중요하다. 억압적인 기능의 역할(형법), 복권 기능의 역할(민법, 상법, 민사 및 형사 소송법, 행정법, 헌법)로 규범의 역할을 인식하면서 사회학자들은 주어진 시기의 사회를 특징짓는 기계적 연대와 유기적 연대에 대한 각각의 부분을 평가할 수 있다. "형법을 대표하는 법률적 장치의 어떤 요소를 결정하느냐에 따라 우리는 단번에 연대의 상대적 중요성을 측정할 수 있다[기계적 연대]."53)

이와 같은 연구 작업은 통합이나 정체화에 특별히 해당하는 것이 아니다. 이것은 사회적 삶에서 발생되고 고유한 사회(빈곤, 소외, 사회적 지위)에 대한 민주적인 개인들의 즉흥적인 질문에서 생성되는 모든 개념들과 연결되어 있다. 이것은 사회학적 출발의 특징이 된다. 끌로드 레비 스트로스에 따르면 '지평 개념'은 폴 라자스펠드(Paul Lazarsfeld)에 의해 설명된 사회학 용어이고 우리가 '친밀한 개념(notion familière)' 혹은 '통합적 표상(représentation syncrétique)'으로 부르는데 이

---

52) E. Durkheim, *De la division…, op.cit.,* p.28.
53) *Ibid.,* p.78.

것은 연구자에 의해 '연구 작업'으로 번역되어야만 하는 것이다. 레이몽 부동(Raymond Boudon)과 폴 라자스펠드는 모든 사회학 연구에서, "정의된 연구 작업에서 개념(concept 혹은 notion)에 대한 번역[…]의 문제가 제기되고(역주: 'notion'과 'concept'은 통상적으로 '개념'으로 번역되어 쓰이는 유의어이며, 사전적 정의에 근거하여 엄격하게 구별하자면 'notion'의 경우 가장 우선적으로 요소, 기초, 생각, 인식으로 정의되고, 'concept'의 경우 추상화, 생각으로 정의된다), 변수들은 때때로 친밀한 개념(지성, 생활비용, 도덕)의 작용적 의미로 번역이 된다. 따라서 변수들은 이론적 인지(내향성, 통합, 결합)에서 발생될 수 있다. 그러나 그들의 기원이 무엇이든, 그것이 개념(concept 혹은 notion)에서 시작하여 결정되고 불변적인 절차에 의해 획득된다. […] 우리는 결합이나 내향성의 *개념(notion)* 혹은 통합적 표상을 가지지만, 이것이 일반적으로 두 개인의 어떤 것이 더 내향적이고 혹은 두 집단의 어떤 것이 더 통합적인지를 결정하도록 도움을 주는 데 충분할 만큼 정확하지 않다. 논리적인 측면에서, 문제는 개념(notion, 역주: '인식'의 의미에서)을 개념(concept, 역주: '추상화'의 의미에서)에 변형시키거나 정의를 명확하게 하는 노력으로 되돌아온다. 그런데 사회학자는 오히려 다른 용어를 사용할 것이다. 그는 고유한 표상(représentation)의 특수한 *분야*를 구별하고, 각각의 분야에서 *지표(indicateurs)*를 찾는 것이 문제라고 말한다."54)

따라서 우리는 그런 식의 통합을 연구할 수 없지만, 특정 시기 통합의 다양한 분야를 분석하고, 통합―정의상 결코 달성되지 않은―과 정의 방식을 좀 더 역사적인 방식으로 분석할 수 있다. 이것은 단지

---

54) Raymond Boudon et Paul Lazarsfeld, *Le vocabulaire des sciences sociales*, Paris, La Haye, Mouton, 1965, p.10. Italiques des auteurs.

특정 인구에 관련되어 있을 뿐만 아니라 전체 국가사회와 국가사회를 구성하는 개별 집단-가족, 기업, 교회, 정당-과 관련되어 있다. 통합의 전체적 개념을 공동체 삶과 그것과의 잠재적 불일치가 다른 분야 속에서 통합 과정에 대한 경험적 분석으로 대체하면서, 연구자들은 질문과 정확한 개념(concept, 역주: '추상화'의 의미에서)을 가지고 사회적 삶에서 발생하는 개념(notion, 역주: '인식'의 의미에서)을 대체하고 의미 있는 지표를 규정하는 사회학자들의 통상적인 연구를 실행할 뿐이다.[55]

그것은 연구의 단순한 절차에 관한 것이 아니다. 절차는 통합 과정이 공동체 삶의 다른 분야에 따라(라자스펠드의 용어에서 '분야(dimensions)') 상이하게 나타난다는 점과 정의에 의해 그 누구도 완벽하게 '통합되지' 않는다는 점, 체계적인 통합처럼 전의(轉義)의 통합은 상태가 아니라 역사라는 점을 필수적으로 내포하고 있다. 그 속에서 통합을 측정하기 위해 단일한 눈금을 가질 수 없는데 왜냐하면 사회적 삶은 다양한 차원에서 형성되기 때문이고, 개인들의 사회적 경험에 대한 주관적이고 객관적인 차원 사이의 잠재적 분리가 존재하기 때문이며, 고프만(Goffman)의 표현대로 사회적 역할에 인간의 잠재적 낯섦(étrangeté virtuelle)이 있기 때문이다.

---

55) 그것은 사회적 지위의 요소가 다양한 특정한 개인들에게 해당되었던 분석과 유사한 분석이다. 예컨대, '신흥 부자'는 매우 천한 사회적 출신이나 유대인들이나 아프리카-아메리카인들처럼 무시되는 민족적 집단과 다르게 나타난다. 우리는 사회적 지위의 '비확정(déscristallisation)'에서 투표나 자살과 같은 가능성의 행동을 설명할 수 있었다. Cf. G. E. Lenski, «Status Cristallisation. A. Non Vertical Dimension of Social Status», *American Sociological Review*, XIX, 1954, 4, pp.405~413.

측정

연구의 시작을 설명하기 위해, 오래전부터 고전이 된, 베그너 랜드커(Werner Landeker)에 의해 1950년에 발표되고 부동과 라자스펠드의 저작 속에서 이미 언급되고 번역된, 통합과 관련된 연구물로 예를 들어 보자.[56] 저자는 "오늘날 우리가 통합이란 무엇인가에 대해 덜 의문시한다. 만약 우리가 그것을 의문시한다면, 더 적절한 질문을 준비하는 단계이다. 즉 어떻게 통합이 측정될 수 있을까? 재차 등장한 이러한 질문은 그 질문 자체로 이미 준비되고 다음과 같은 연구 과제를 이끈다. 어떤 조건 속에서 사회적 통합이 증가하는가? 어떤 조건에서 통합이 축소되는가? 높은 수준의 통합의 결과는 무엇이고 낮은 수준의 통합의 결과는 무엇인가? 사회학은 통합의 문제를 밝히기 위해 우선 이러한 유사한 질문을 제기하는 것이 필요하다"라고 지적한다. 거기서부터 저자는 네 가지 차원, "문화적 통합 혹은 문화 규범 사이의 일치, 규범적 통합 혹은 규범에 행위의 복종, 소통적 통합 혹은 집단 속에서 의미의 교환, 기능적 통합 혹은 서비스 교환에 기인한 상호의존"으로 구분하고, 저자는 의문을 제시한다. 어떻게 그것을 측정할 수 있는가?

문화적 통합을 측정하기 위해서 저자는 인류학자들에게서 문화적 특징의 내부 결합에 대한 질문을 빌려 온다. 그는 랄프 린튼(Ralph Linton)에 의해 제기된 구분을 계승한다. 그것은 보편적 특징, 특화된 특징, 대안적 특징으로 문화적 특징의 세 가지 형태를 가장 적절하게

---

56) Werner S. Landeker, «Types of Intergration and their Measurement», *American Journal of Sociology*, 56, 1950~1951, pp.332~340. Traduit dans R. Boudon et P. Lazarsfeld, *Le vocabulaire…*, *op.cit.*, pp.37~48.

구분하여 문화적 통합을 정의하려고 한 것이다. 문화적 통합을 측정하기 위해 랜드커는 보편적 특징 사이에서 생성되는 불일치와 보편적이고 특화된 특징 사이에서 생성되는 불일치에 근거한 지표 제작을 제안한다. 우리가 특징 사이의 모순을 찾아낼수록 규범 사이의 분쟁은 더욱 존재하고 집단의 통합은 더욱 약화된다. 규범적 통합, 즉 사회적 규범 속에 사람들의 행위 복종을 측정하기 위해서 랜드커는 두 가지 요소를 구성한 지표를 만들어 보여준다. 그것은 우발적 혹은 고의적 살해, 사기, 도둑질의 빈도로 측정되는 범죄와 공동체 기관에 개인들의 자발적 재정기부로 측정되는 공동체 참여이다. 우리는 대안적 특징을 측정함으로써(집단이 개인들에게 선택할 수 있도록 하는 특징들) 규범적 통합의 다른 지표를 만들 수 있다. 대안적 특징의 비율이 낮을수록 통합의 정도는 더욱더 높아진다. 이와 같은 두 지표는 규범적 통합의 발달을 추적하도록 단일한 지표로 마침내 조합될 수 있다. 소통적 통합은 어떻게 개인들이 서로서로가 소통으로 연결되는지를 측정한다. 사회적 관계들의 빈도를 측정하면서 우리는 고독이나 개인을 사회적 집단에 결합시키는 연대를 평가할 수 있다. 뒤르케임에게서 영향을 받고, 고립된 개인들에 의해 이행되는 '이기적 자살(suicide égoïste)'의 관점이다. 랜드커는 경험적 조사방법이 개인 상호 간의 관계 빈도수, 이웃과의 관계, 사회적 참여의 형태를 측정하는 데 도와준다고 한다. 단절에 대한 연구와 고정관념에 대한 분석은 집단 사이의 관계 부재를 역으로 측정할 수 있게 한다. 또한 우리는 사회심리학적 관점에서 사회적 동류집단에 참여하는 사람들을 연결시키거나 분리시키는 매력의 형태와 증오의 형태를 분석할 수 있다. 마지막으로 기능적 통합은 노동 분화 체계의 요소들 사이에서 상호의존을 측정하는 것과 관련 있다. 비록 신문배포 구역, 교외지역의 확산, 전화 통화의 양, 가정집 배달 코너와 같은 조사결과를 이용할지라도, 그 측정은 어렵다. 저자는 우리가 규범적 통합을 측정하는 데 적절한 측정 도구를 가지고 있더라도 다른 통합의 형태에 해당하는 것은 아니라고 결론짓는다.

같은 시기에 로베르트 C, 엔젤(Robert C, Angell)은 미국 42개 도시의 규범적 통합을 측정하고자 하였고 도시를 구분하는 차이점을 명백하게 밝히고자 하였다.[57] 그는 통합의 지표를 범죄율(부정적인 지표)과 시민들의 자발적인 재정기부(긍정적인 지표)를 조합하여 만들었다. 그는 규범적 통합의 다른 지표(자살률, 비합법적 출생률, 성병에 의한 사망률)로 공변(共變)을 조사하면서 그것을 유효화했다. 그는 서로서로가 독립적이고 원인적인 두 요소를 분리시켰고 두 요소들의 결합은 79%의 규범적 통합의 가변성, 즉 인종과 민족의 다양성, 입국률과 출국률을 설명하였다. *리더십(leadership)*의 스타일, 학교의 역할, 교회에 의해 실행되는 기능과 같은 또 다른 요소들은 규범적 통합의 가변성을 설명하는 부가적 요소를 제공하였다.

미국 사회에 직접적으로 연결된 지표를 비롯한 수치가 나타내는 이와 같은 연구들은 사회학자들이 얼마나 통합의 다양한 분야에 측정 가능한 정확한 의미를 제공하기를 원하는지 보여준다. 그런데 이러한 연구방식의 형태는 포기되었고 사회통합과 도시통합이 정의될 수 없는 것으로 보였다. 그때부터 조사연구는 통합 자체에 대한 질문을 다루지 않았고 국가사회에 나타나는 다양한 인구들에 대한 통합

---

57) Robert C, Angell, «Structural Intergration», *International Encyclopedia of Social Sciences*, Mac Millan, volume 7, 1968, p.385.

방식이나 분야를 다루었다.

분야와 방식

이를 위해서 경험적 조사는 '통합'되었다고 판단된 인구보다 사회적 통합 방식의 폭로자(가난한 자, 소외된 자, 범죄자)로 문제시되어 나타났던 인구를 연구 대상으로 삼았다. 뒤르케임이 "병리학은 우리가 생리학을 더 잘 이해하는 데 도와줄 것이다"[58]라고 이미 그것을 기록하였듯이 위반, 단절, 배제, 소외화 현상에 대한 분석은 통합의 방식과 과정에 대한 인식에 기여한다. 우리는 로베르 까스텔(Robert Castel)이 그 자신의 연구에서 제안한 견해를 전체 연구에서 일반화할 수 있다. 그는 "내가 연구하려고 애쓰는 개념─사회적 비전향, 부정적 개인주의, 대중의 허약함, 장애화, 사회적 무효화, 탈퇴…─들은 통합이나 아노미에 대한 문제의 틀에서 의미를 가진다(사실상, 그것은 분리의 상황에 대한 분석에서부터 사회적 결합을 위한 조건들의 성찰이다)"[59]라고 한다. 마찬가지로, 세그즈 포그만(Serge Paugam)과 프란츠 슐터하이스(Franz Schultheis)는 짐멜(Simmel)의 책 『*Les pauvres*(빈곤자들)』의 서문에서 "빈곤 사회학을 통해서 짐멜을 계승하는 것은 결과적으로 뒤르케임이 제기한 최초의 기준인 사회적 연대의 근간에 대한 이론적 성찰을 전승하는 것이다"[60]라고 밝혔다. 그들 부모의 출신이 원인이 되어 소외상태로 내몰렸다고 느끼는 이주민 후세대들의

---

58) E. Durkheim, *De la division…, op.cit.*, p.8.

59) Robet Castel, Les métamorphoses de la question sociale, Paris, Gallimard, «Folio essais», 1999(1995), p.16.

60) Georg Simmel, *Les pauvres*, Paris, PUF, «Quadrige», 1998(1907), p.34.

신랄한 비판을 이해하도록 하는 무엇인가는 객관적인 현실과 그들의 열망에 부합되지 않는다.

사실상 연구자들과 이민자들의 통합을 다루는 관련자들조차 ─통합에 대한 의문이 우선적으로 이민자와 그들의 후세대에 대해 관련된다는 사회적 의미를 인지하면서─통합이 단지 이민과 직접적으로 혹은 간접적으로 관련된 것이 아니라는 것을 주기적으로 상기시킨다. "비록 이민자들의 통합이 특성을 가지고 있고 지역민이나 소외된 자들의 통합과 혼동되지 않을지라도, 이민자 통합은 국가 통합의 특별한 경우이다."[61] "나는 특수한 경우로서 이민자 통합을 포함한 일반적인 의미의 통합으로 이해한다."[62] 이와 같은 이민 연구를 정당화하는 공동 저술 『*Immigration et intégration(이민과 통합)*』의 서론 '*L'état des savoirs(지식의 상태)*'에서 만약 "'이민─통합'의 묶음이 비록 책의 제목처럼 강요될지라도 […], 이민은 항상 통합으로 이어지지 않는다는 사실과 단지 이민자와 외국인 대상에게 해당된다는 점을 환기시킨다. […] 서인도 제도의 사람들의 예는 […] 통합이 외국인들에게만 관련된 사회적 사실임을 보여준다."[63] 더구나 이와 같은 구체성은 이 책의 공동 참여자들의 대부분에 의해 재확인된다. "'사회적 통합'의 개념은 외국인 이민에 적용되는 단일한 질문을 초월하여 전체 사회에 적용된다. 사회적 통합은 함께 살아가고 같은 사회를 구성하려는 모든 사람들의 동의가 있을 경우에 생각될 뿐이다."[64]

---

61) Dominique Schnapper, *La France de l'intégration. Sociologie de la nation en 1990*, Paris, Gallimard, «Bibliothèque des sciences humaines», 1991, p.99.

62) Robert Castel, *Les métamorphoses…*, op.cit., p.685.

63) Philippe Dewitte(dir.), *Immigration et intégration. L'état des savoirs*, Paris, La Découverte, 1999, p.8.

64) Jean-Luc Richard, *Partir ou rester ? Destinées des jeunes issus de l'immigration*, Paris, PUF, «Le lien social», 2004, p.15.

절대적 통합−무엇에 통합? 무엇의 통합?−은 존재하지 않고, 변증법은 존재하며, 소외화, 배제, 통합의 복잡한 과정은 존재한다. 모든 사회적 조직은 그 분야가 무엇이든지−가족에서 기업 혹은 국가에 이르기까지−, 서로 간의 통합 과정, 배제 과정 혹은 타인에 대한 소외 과정을 원칙적으로 포함한다. 무엇인가 중요하게 연구되어야 하는 것은 통합 자체로서 통합이 아니고 다양한 통합 과정과 통합 분야가 취해지는 방식들이다.

통합의 개념은 실제로 직업 활동, 물질 소비에 대한 규범의 학습, 가족적 문화적 행위의 습득, 타인과 교류, 공동 기관에 참여를 통하여 개인이 전체 사회에 참여하는 과정을 의미한다. 이러한 다양한 사회적 삶의 분야에서 개인들의 참여는 관찰조사의 대상이 될 수 있고 어느 지점까지 측정의 대상이 될 수 있다. 과정에 대한 능동적인 의미에서 통합의 개념이 이해될 때만 그 개념은 풍부한 방식으로 사용될 수 있음을 다시 한 번 더 강조해야 한다. 통합의 개념은 과정에서 획득된 상태 혹은 결과를 지칭하지 않는다. 더구나 그 개념은 비단 국가사회에 특별한 인구의 참여형태에 관련된 것이 아니라 전체 국가 사회*의* 발전과 관련된다. 사회학적 분석의 필요에 근거해 첫 단계에서 고립되는 특별한 대상인 모든 이민자 후세대는 그들 바깥에 존재하는 사회의 외부에 존재하지 않는다. 그들은 지속적인 통합−단어의 긍정적 의미에서−의 과정에서 사회를 구성한다. 이와 마찬가지로, 짐멜은 일 세기 이전부터 '*빈곤자들*'*이* '전체 사회가 그들의 관점을 규정하는 공동체적 태도 때문에' 특별한 카테고리 속에 포함되었다는 점을 보여주었고 그렇게 규정된 가난한 자들은 결과적으로 사회 밖에 존재하지 않고 유기적으로 사회의 일부분이라는 점을 보여주었다. 더구나 짐멜은 외국인들의 상황을 거주 집단의 바깥에 있는 가난한 자들로서 빈곤자들의 상황과 비교하고 있으나, 이는 다름 아닌 정착 사회에 소속된 것을 드러내는 것이다.[65]

통합의 개념은, 우리가 그것을 살피듯이, 두 가지 근본적인 의미를 지닌다. 그것은 개인들의 관계 혹은 하위체계의 관계를 더 넓은 체계 혹은 사회적(전의적) 통합에서 특징을 지을 수 있다. 따라서 더 넓은 전체 내부 속에서 개인과 특정 집단의 특성이 된다. 그러나 그것은 체계 전체와 사회 전체, 조직화된 통합을 특징지을 수 있다. 이는 전체 속의 집단의 특성이 된다. 우리는 사회학적 의미에서 정책을 통해 사회*의* 통합 과정으로 원칙상 결코 달성되지 않은 국가사회를 분석할 수 있다. 이미 구성된 사회 속*에* 개별 집단의 통합은 전체 속에서 사회*의* 통합 혹은 조직화된 통합의 분야 중 하나일 뿐이다.

따라서 두 가지 현상은 분리될 수 없다. "혼란스럽고 약화된 사회가 너무도 많은 개인들을 너무도 완전하게 사회의 활동에서 내동댕이친다"라고 뒤르케임이 확인했을 때, 그는 사회*의* 통합과 사회 속*에* 개인들의 통합 간의 연대를 명백하게 공식화하였다. 결과적으로 악을 치료하는 유일한 방법은 *사회적 집단이 충분하게 단단해져서 집단들이 더욱 강력하게 개인을 붙들고 개인이 집단에 애착을 가지게 하는 것이다.* 개인은 모든 측면에서 시간에 따라 개인을 생존시키고, 개인을 능가하는 공동체적 존재에 연대감을 많이 느껴야만 한다. 이런 조건에서 개인은 그 자신 속에서 행위의 유일한 목적을 탐색하기를 멈출 것이고, 공동체적 존재가 개인을 극복하는 목적의 수단이라는 것을 이해하면서, 그 자신이 유용한 사람이라고 인지할 것이다. 이러한

---

65) G. Simmel, *Les pauvres…, op.cit.*

삶은 개인의 입장에서 의미를 가지는데 왜냐하면 삶이 목적과 본질적인 방향을 다시 발견하기 때문이다."[66]

그렇기 때문에 우리는 제2장에서 연구자들에 의해 성립된, 정착 사회의 이민자들과 그들 후세대들의 통합에 대한 인식을 소개하고, 마지막 장에서 사회통합에 대해 질문할 것이다.

---

66) E. Durkheim, *Le suicide*···, *op.cit.*, p.428~429. Mes italiques.

제2장 국가사회에 이민자들과 후세대들의 통합

사회통합은 이민자와 그들 후세대를 거의 독점적으로 취급한다. 유럽 국가들은 이민 조직과 이민 사회통합이 미국 사회와 미국 사회학의 핵심 문제가 되었던 사실로부터 영향을 받는다. 또한, 멀리서부터 온 수많은 이민자 물결의 도래는 문화적 혹은 역사적 개체와 정치적 구조 사이의 혼란으로 이루어졌던 유럽 국가의 정체화에 도전이 되고 있다. 사회학자들은 사회적 용법을 따르려는 경향이 있다. 그들은 통합의 단어를 이민자들의 후세대를 의미하는 데 가장 자주 사용한다―이는 이민자 후세대들을 개별화하는 단어를 격렬하게 거부하는 사람들을 보여준다―. 그런데 이민자들과 그들 후세대들의 통합문제는 여러 가지 측면 중 하나의 일면일 뿐, 그것은 좀 더 광범위한 문제와 관련된다.

우리는 여기에서 이주 현상, 이민자 조건, 이민자와 그들 자손들의 존재방식, 그들이 희생자가 되어 버린 차별에 대한 인식 전체를 다루지 않고 그들이 정착한 사회에 참여하고 공동체 삶에 통합하는 방식만을 다룰 것이다.

다양성으로부터 단일성으로

시카고학파(l'Ecole de Chicago)의 근간이 된 책, 『폴란드 농민(*The Polish Peasant*)』은 특히 범죄 현상과 관련된 도시 사회학과 민족 간의 관계에 대한 사회학을 개시하였다. 이민자 통합은 사회통합에 대한 일반적 문제 속에서만 이해될 뿐이었다. 사회학자들은 동화라고 통칭하는 미국 사회의 다양한 이주 물결의 변화와 분야, 그리고 의미를 분석하였다. 그들의 연구는 도시의 민족 공동체 그리고 인종 공동체와 관련되어 있었다. 이 연구들은 우리가 도시공간에서 다양한 집단들의 발전적인 통합의 역동성에 대해 이해를 할 수 있었다는 점과 공간의 관계가 인간관계의 조건이자 상징이었다는 점에 근거한다.

공동체와 동화

파크(Park)는 '인종 관계들의 사이클(cycle)'을 정의하였다. 다양한 집단 간 관계의 사이클은 곳곳에서 반복되는 경향으로 동일한 단계를 따른다. 우선적으로 정착민들과 새로운 유입자 사이에 접촉이 생기면 이후 경쟁관계와 대립관계가 나타나며 다음으로 다양한 집단 사이의 순응이나 적응(accomodation)이 형성되고, 마지막으로 '상호침투와 융합(fusion)과정'으로 정의되는 동화가 개입되었다. "상호침투와 융합과정 속에서 다른 사람들이나 다른 집단에 대한 추억, 감정, 태도를 획득하고, 동시에 그들의 경험과 역사를 공유하면서, 사람들과 집단은 공통된 문화의 삶 속에서 그들과 함께 통합된다. 동화가 전통성의 공유를 보여주는 한, 그것은 역사적·문화적 과정 속에서 중요한 현상인 것이다. […] 모방과 제안을 통해, 소통은 집단 구성원들의 감정과 태도에 대한 발전적이고 무의식적인 변형을 초래한다. 그렇게 획득된 단일성은 필연적으로 그리고 일반적으로 일방적이지 않다. 그것은 오히려 그 점에서 목적과 행동의 공동체가 발전하는 경험과 방향의 단일성과 관련된다."[1]

사이클에서 벗어나는 것으로부터 파크는 대립과 경쟁이 사라졌다고 예측하지 않았다. 그러나 그는 동화되는 순간부터 집단들이 규범체계와 공통의 가치체계 내에서 그들의 대립을 해결하였다고 생각했다. 파크에게 동화는 결과적으로 집단적 삶의 상이한 분야에 참여하고 같은 경험을 공유하는 개인들이 공통된 문화적 삶을 점진적으로 구축할 수 있었던 과정이었다. 이것은 1970년대를 통해 전개되었던 이론과 달리 과거에 대한 기억을 그들의 의식으로부터 제거한 개인들이 존재하는 것이 아니었고 개인들이 과거의 기억을 그들의 새로운 경험 속에 통합시키고, 그 기억을 새로운 문화 속에서 재구성하는 것이었다. 파크는 국가단위가 민족적이고 문화적인 동질성을 내포하거나 강요한다는 생각을 거부했다. 그는 단지 동화가 개인들이 그들의 특수성을 간직하면서 공통된 언어를 사용하고 미국의 정치 전통에 충실하게 참여하고 같은 방법과 같은 삶의 양식을 채택한다고 가정했다. 파크에게 민주주의 사회의 정치가들은 정치적 견해에 책임이

---

1) Robert E. Park et Ernest W. Burgess, *Introduction to the Science of Sociology*, New York, Greenwood Press, 1924, pp.735~737.

있다. 게다가 사회의 구성원들이 같은 집단적 기억을 공유하고, 같은 언어를 말한다는 것은 중요하다. 학교는 새로운 시민권을 교육시키는 데 근본적인 역할을 담당하는데 왜냐하면 학교는 언어와 문화, 새로운 국가에 대한 역사, 민주주의 가치들을 전달하는 목적이 있기 때문이다. 사이클이 끝날 때쯤 고유한 민족적 차원은 제외되거나 어찌되었든 매우 약화된다. 이와 같은 과정은 '분명히 점진적이고 결정적'[2]이었다.

파크는 다양한 인종과 관련하여 동일한 문제를 제기하였고, 우리가 일상생활에서 인종을 구별하였듯이, 백인, 흑인, 아시아 사람들을 구별하였다. 인종 관계의 사이클은 유럽 이민자들의 동화와 관련되어 있다. 파크에 의하면, 흑인들과 아시아인들에 대한 동화의 장애는 육체적 특징에 있다. 일본인과 흑인들은 유럽인들과 같은 동화의 능력을 보유하고 있지만 그들의 육체는 동화에 장애가 된다. 사실상 그들이 백인 이민자의 아이들처럼 구별되지 않는 것은 불가능하였고 그들이 전체 인구 속에 녹아 있는 것 또한 불가능하였다. 일본인은 유럽인들에게 '황화론(黃禍論)'을 환기시킬 것이다. 파크에 의하면, 인종은 집단 사이에서 발생하는 충돌을 구체화하고 다른 집단들처럼 그들 고유의 구성원들에 의해 유지되는 집단의식이 시간과 함께 소멸되는 것을 억제시킨다. 유럽인들에 대해서조차, 1937년 파크는 크게 낙관적이지 않았다.[3] 그때부터 그는 사이클이 이민자들의 동화를 통해 반드시 이루어지지 않았다고 생각하였다. 그것은 카스트 체제를

---

2) Robert E. Park, Race and Culture. *Essays in the Sociology of Contemporary Man*, Glencoe, Illinois, The Free Press, 1950, p.150.

3) Voir sa préface à Romanzo Adams, *Interracial Mariage in Hawaï*, Mac Millan, 1937, traduit par Alain Coulon, L'Ecole de Chicago, Paris, PUF, «Que sais-je ?», 1992, p.47.

구축함으로써 종결될 수 있었거나(흑인들이 카스트를 형성하였다는 '이론'은 지배적이었다) 유럽의 유대인들의 경우처럼 소수자들의 형성을 통해 종결될 수 있었다.

루이 워스(Louis Wirth)의 시카고 '게또(ghetto)'에 대한 분석은 인종 관계 사이클의 설명으로 해석될 수 있을 것이다.[4] 워스는 새로운 유대인 이민자들이, 이민의 도래에 따라, 회당을 중심으로 축제와 일상의 실천에 의해 특징지어지는 그들의 전통적 삶을 재창조하였던 방식을 묘사하였다. 유대인 이민자들은 출신 공동체에 강력하게 통합된 것과 같은 사회부류를 형성하였다. 게또는 마치 이민 전의 상황과 다름없이 수없이 많은 가난한 사람들을 작은 공간에 재결합시켰고 구성원들의 정신적이고 물질적인 보호를 담당했던 긴밀한 사회적 조직을 형성하였다. 이미 나이가 들어서 이민을 한 사람들은 그들의 게또에서 미국 사회의 모든 것을 알지 못한 채 삶을 끝낼 수 있었다. 인종 관계에 대한 사이클의 의미에서 보면 이것은 '적응(accomodation)'의 형태였다. 게또의 존재는 다른 집단들과 관계를 구축하면서 동시에 다른 집단들로부터 거리를 유지하려는 유대인 이민자들의 의지를 나타낸 것이었다. 그러나 그들의 아이들은 게또에서 너무도 열악하고 협소한 생활을 맞이하였다. 아이들은 공립학교를 다녔으며 일반적인 제도 교육을 받았고 미국 사회에 맞게 행동하도록 교육받았다. 아이들은 사업가가 되기를 원하였고 그들의 아버지들과 같은 행상인이나 상인이 되지 않았다. 아이들은 게또 외부에 정착하고, 게또의 회당보다 그들의 (출신문화의) 특색과 강요가 훨씬 약하고, 미국 생활에 참

---

4) Louis Wirth, *The Ghetto, The Chicago University Press*, 1928(trad. Française, Presses universitaires de Grenoble, 1988).

여하는 데 필요한 요구에 더욱 알맞은 정통파 회당을 설립하기 위해 게토를 떠나고 정교회를 떠났다. 게토였던 공간에는 기존 이민자들이 최근에 유입된 새로운 유대인들, 이탈리아인들, 폴란드인들, 리투아니아인들, 그리스인들, 터키인들 그리고 흑인들(아프리카인들)로 다시 채워지게 되었다. 이것은 우리가 모든 미국 도시에서 찾을 수 있는 계승적 질서이다. 이민자들과 그들의 자식들이 완벽하게 성공할 때, 그들은 주거지역에 정착하였고 가난하고 따뜻하고 활동적인 게토의 정통파 회당과는 다른 기독교 교회모델의 냉철하고, 광범위하고, 개혁적 운동의 회당을 건설하였다(때때로 그들 중 인간의 따뜻함에 굶주린 이들은 (게토의 회당으로) 다시 되돌아왔다). 따라서 워스는 유대인의 거주지가 유대인들의 상황을(일 세대, 이 세대, 삼 세대 이민자: 가난한 이민자 혹은 부유한 이민자: 정통파, 보수파, 개혁파 운동에 소속된 유대인) 이해하도록 도와준다고 결론지었다.

게토의 사회적 기능에 대한 워스의 결론은 민족적 집단 전체에서 일반화되었다. 1920~1930년대 시카고에서 진행되었던 작업들의 주요 결과 중의 하나는 특별한 공동체의 존재가 동화의 일반적 과정에 대립되는 것과 먼 단계와 수단을 구성한다는 것이다. 버지스(Burgess)와 보그(Bogue)가 그것을 요약한 것처럼 "민족적 집단이－이민 2세대들이 벗어나기를 원했던 공동체－ 이민자들의 적응과 생존을 옹호하였던 방어의 사회학적 거대 메커니즘이었다는 발견은 1920년과 1930년대 도시 사회학 연구의 대부분의 결과가 되었다."[5] 새로운 이민자들을 동화시키기 위해서 혹은 그들을 통합－만약 우리가 근대 프랑

---

5) Ernest W. Burgess et Donald J. Bogue, *Contributions to Urban Sociology*, The Chicago University Press, 1964, p.325. Trad. Par Alain Coulon, *L'Ecole…*, *op.cit.*, p.36.

스어를 채택한다면- 시키기 위해서 그것은 과거를 제거하는 것에 관련되어 있지 않고 그 단어에 새로운 의미를 제공하는 것에 관련 있었다. 동화에 대한 패러다임은 연구자들이 이민자들 고유문화에 대한 재해석과 고유문화를 유지하는 데 기여했다. 동화의 패러다임은 연구자들이 미국의 민주주의가 유럽의 오래된 연방국가가 그러했던 것보다 그들의 다양성을 더욱 인정해 주는 인구 통합의 새로운 방식을 건설했다고 강조하게 하였다. 연구자들에게 있어 사회적 동화 혹은 구조적 동화는- 즉 정착 사회의 다양한 조직 내부에서의 진보- 문화적 동화, 즉 미국 문화의 채택을 동반하였다.

겨우 1950년대부터 미국 사회학을 지배하였던 구조주의적 기능주의에 영향을 받은 연구자들은 출신국가와 고유문화의 점차적인 분리에 근거하여 이주민들의 동화가 구성된 공동체들의 불평등을 내포하였다는 것을 어느 정도 명백하게 인정하는 경향을 가졌다. 우리는 이때부터 더욱 엄격한 단어 속에서 의문을 제기했다. 구조에 대한 문제제기 없이 어떻게 사회가 새로운 요소를 흡수할 수 있었을까? 이러한 의미에서 가장 조직적인 노력이 에머리치 프랑시스(Emerich K. Francis)에 의해 소개되었는데 그는 민족(상호 간) 관계에 대한 일반적 이론을 세우기 위해 59개 정의와 103개 제안을 제시했다. '민족주의(nationalisation)'와 '산업화'로 특징지어지는 근대 사회에서 그는 '민족적 문제'를 "중심 인구 아닌 다른 인구의 구성에 대한 부분적이고 불충분한 통합으로 잉태되는 사회적 문제로 정의한다."[6] 저자는 전체 사회에 집단적으로 통합되는 *민족(Ethnics)* 통합과 개인으로서의 *민족(Ethnics)* 통합을

---

6) Emerich K. Francis, *Interethnic Relationships. An Essay in Sociological Theory*, New York et Amsterdam, Elsevier, 1976, p.392.

대립시켰다. 후자의 경우, 통합의 개념은 "사회에 참여하는 모든 새로운 요소는 근본 구조를 파괴하지 않고 사회의 부분이 될 수 있는 과정에 기초한다." 그래서 우리는 사회적 삶의 모든 분야에서 "만약 우리가 그들에게 출신 인구들의 지위와 동등한 지위를 부여한다면" 민족들은 동화되었다고 말할 수 있다. 이러한 의미의 동화의 과정을 분석한 프랑시스(Francis)는 민족적 집단의 해체와 특수한 특징들의 소멸이 정착 국가에 개인들을 통합하는 데 필수적인 조건이 되었다는 사실에 근거하여 통합구조의 사회개념을 제시했다. 이민자들을 '흡수'한다는 것과 관련하여 슈무엘 아이젠슈타트(Shmuel Eisenstadt)는 1954년 그의 책에서 이스라엘 국가 형성을 연구하였고 이러한 맥락에서 시카고학파(L'Ecole de Chicago)의 문제제기에 영향을 받았던 마지막 책이 되었다. 그는 동부 유럽의 장인, 시온주의자, 모로코와 예멘의 전통적 공동체 출신의 유대인처럼 객관적으로 다양한 민족이 어떻게 유럽식 모델 혹은 미국식 모델에 의해 국가 혹은 연방국가를 구성하였는지를 보여주었다.[7]

사회적 구조와 통합 분야

네이슨 글래이저(Nathan Glazer)와 패트릭 모이니헌(Patrick Moynihan)에 의해 1963년에[8] 발표된 『*Beyond the Melting Pot*(동화를 넘어서)』*와* 밀턴 고든(Milton Gordon)에 의해 1964년에[9] 발표된 『*Assimilation in American*

---

7) Shmuel N. Eisenstadt, *An Absorption of Migrants, A Comparative Study Based Mainly on the Jewish Connunity in Palestine and the State of Israel*, Londres, Routledge and Kegan Paul, 1954.

8) Nathan Glazer et Patrick Moynihan, *Beyond the Melting Pot. The Negroes, Puerto Ricans, Jews, Italian and Irish of New York City*, Cambridge, MIT Press, 1963.

Life(미국적 삶의 동화)』라는 두 책은 기존 분석과 결별을 선언했다. 『*Beyond the Melting Pot(동화를 넘어서)*』가 대중들로부터 엄청난 성공을 거두었다면 두 번째 책은 의심의 여지없이 가장 강력하게 사회과학적 연구에 영향을 미쳤다.

글래이저와 모이니헌에게 민족적 집단의 존재와 그것의 정치적 사회적 역할은 미국 사회의 특징 중 하나이다. 민족적 집단은 단지 이민과 흑인 노예제에 관련되어 있지 않고, 그 자체로 사회적 조직과 관련되어 있다. 민족적 집단이 1920년대 시카고 사회학자들에게 이익사회(Gesellschaft)의 고유 논리가 확산됨에 따라 소멸이 예정된 생존 집단이-공동체(Gemeinschaft)와 연결된- 아니었던 것처럼, 또한 암묵적으로 사회계층 사회학자들에게 그리고 더 일반적으로 머튼(Merton)에 의해 영향을 받은 기능주의 사회학자들에게서도 소멸의 집단이 아니었던 것처럼, 민족적 집단은 동화 과정을 촉진하는 수단과 상태가 더 이상 아니었다. 미국사회는 민족적 집단의 특별한 형태를 생산하였고 동시에 민족적 집단은 다양한 요소가 혼합된 사회를 상호적으로 생산하였다. 민족성은 사회적 차이의 근원이 되고 정치적 삶을 구성하며 특별한 미국식 사회통합의 형태를 결정짓는다.

이 책의 뒤를 이어, 시카고학파의 전통을 일정 정도 직접적으로 계승하는 동화주의자들과 맑스주의자들에 의해 채택되었던, 점차적이나 불가피한 민족적 준거 제거 패러다임은 근본적으로 의문이 되었다. 미국인들은 그들의 국가를 형성하는 다양한 집단이 같은 방식으로 혹은 같은 속도로 동화되지 않았다는 점을 발견하였다. 사회학자

---

9) Milton M. Gordon, *Assimilation in American Life. The Role of Race, Religion and National Origin*, New York, Oxford University Press, 1964.

들은 동화 정책의 실패, '동화(Melting Pot)'의 한계 그리고 민족 집단의 존재에 대해서 분석하였다. 시카고학파 사회학자들에 반대하는 이들 사회학자들은 '민족성'의 형태를 더 이상 동화단계의 상태로 해석하지 않고 미국 사회의 영구적 조건으로 해석하였다. '민족성'은 출신사회에 대한 미국인들의 지배 담론 속에서 '동화'를 대체하였다. 이와 같은 연구경향에 관여하면서 사회학자 대부분은 시카고학파 연구자들에게 영향을 미쳤던 생각, 즉 동화가 그들 고유의 문화를 포기하는 것을 강요하지 않으며 공동체 삶에 소수 집단의 구성원을 참여시키는 민주주의적 수단을 구성했다는 생각에 반대하게 된다. 이들은 '동화(Melting Pot)'가 실패였고 동시에 '동화(Melting Pot)'가 비난되었음을 간파하고, 실제 사실과 민족성에 대한 가치를 주장하였다. 동화 프로젝트와 보편적 이데올로기는 프랑스 연구자들의 용어에 따르면 '문화적 파괴(ethnocide)'를 초래했다고 비난을 받았다. 우리는 '차이주의(différentialisme)'를 인정하였다. 모든 민족성은 부(富)의 표현이 되었으며, 모든 개별적 정체화는 소중하다고 평가되었다. *흑인 사회학(black sociology)*의 인종 연구자들은 극단적인 방식으로 이와 같은 생각에 심취되면서 '자유화'의 단어를 민족성에 대체하기 위해 '통합'의 단어를 거부하는 제일선의 사람들이 되었다. 다양화된 형태 속에서 차이주의는 좀 더 정확하고 좀 더 민주적이라고 여겨지는 통합에 대한 새로운 형태를 지지하는 것이었다.

1960년대부터 진행되던 연구들은 동화에 대해 연구하던 사회학으로부터 단절되었다. 1960년과 1985년 사이에 그들의 핵심 작업을 이루어 낸 미국 사회의 새로운 연구자 세대는 동화에 대한 패러다임에서 해방되기를 원하였고 동시에 시카고학파로부터 직접적으로 전승되던 문화주의에서 벗어나기를 원했고, 더불어 사회 심리학자들의 미시적 분석에서 벗어나기를 원했다. 이들은 고정관념, 틀에 박힌 태도, 차별이 사안의 피상적 부분을 설명할 뿐이라는 점을 강조하였다. 인종주의는 인종주의자 개인들의 심리적 특징에 의해 해석되어야 하는 것이 아니라 인종주의적 질서를 구축하는 역사적, 경제적, 문화적 조건에 의해 설명되어야 했다. 우리는 흑인들이 백인의 고정관념의 대상이었고─이것이 물론 흑인들에게 고정관념이 존재하지 않는다는 것을 의미하는 것은 아니다─ 그들의 희생자가 되었던 인종주의를 설명하는 것을 멈추어야만 했다. 미국 사회에서 태동된 그들의 역사에서, 객관적인 불평등 즉 백인과 흑인들이 불평등하게 공동체적 수단과 권력에 접근하는 것으로부터 인종주의를 분석해야만 했다. 민족적·인종적 집단 간의 관계는 사회계층과 집단 사이의 객관적인 관계에서부터 이해되어야만 했다. 민족적·인종적 집단 사이의 관계가 지배현상과 권력 분야 중의 하나가 되면서 거시 사회학적 입장에서, '사회적(sociétal)' 수준에서, 민족적 내부관계에 대한 질문을 제시하는 것이 중요하게 되었다. 집단, 계급 관계, 노사분규, 권력 사이의 구체적 관계에서부터 인종과 민족 집단을 해석하며 그것의 관계를 '사회학화(sociologiser)'해야만 했다. 관점의 변화를 강조하였던 프랭클린 프레지어(Franklin Frazier)의 표현에 의하면, "인종적 관계에 대한 문제는 집단 간의 관계에 대한 문제가 되었다."[10] 본질적인 문제는 동화의 문제가 아니었다(만약 우리가 프랑스 용어의 개념을 사용하자면 통합의 문제가 아니었다). 그러나 집단에 대한 교육, 고용, 주거에 관한 평

---

10) Franklin E.Frazier, «Sociological Theory and Race Relations», *American Sociological Review*, n° 12, 1947, p.270.

등의 문제였고, 그들의 민족적 출생이 무엇이든, 사회적·지리적 기원이 무엇이든, 여러 집단들 중 특정 집단들이 겪는 차별의 문제였다. 우리가 부르는 이민자들 혹은 흑인들의 '통합문제'가 무엇보다도 하류계층에 대한 사회적 문제였다는 것을 강조하는 것은 중요하였다.

문화적 동화와 구조적 동화 사이에서 발생하는 차이에 대한 본질적인 내용은 이미 1930년대 소로킨(Sorokin)에 의해 형식화되었지만, 고든(Gordon)의 저서는 그러한 점에서 연구의 새로운 단계를 제시했다. 저자는 객관적 사실에서부터 출발하였다. 아프리카-아메리카인들은 미국의 문화와 미국적 정체화를 통해 완벽하게 미국인이 되었지만, 그것은 미국 사회에서 수많은 세대 동안 일상적인 의미에서 말해지는 아프리카-아메리카인들에게 용이하고 성공된 '동화'를 보장하는 데 충분하지 않았다. 일반적으로 빠른 문화동화(acculturation)와 놀라운 사회적 성공을 이루고, 미국적 문화와 가치에 완벽하게 동화되었던 유대인들조차 미국 사회에 그렇게 동화되지 않았다. 아프리카-아메리카인들은 직업적·정치적 공간에서 다른 집단과의 교환이 제한적이었던 집단을 긴밀하게 연결하도록 조직했고 우정의 교환과 결혼에 관한 한 모든 사회적 교환을 배제하였다. '*동화 없는 문화동화(acculturation without assimilation)*'라는 반복적 표현은—현대 사회학적 언어로 해석하여 '구조적 통합 없는 문화적 통합'이 될 것이다— 미국 사회 내부에서의 그들의 상황을 나타낸 것이다. 이러한 연구는 밀튼 고든(Miton Gordon)이 이민 출신자들의 다양한 사람들이 미국사회에서 일반적으로 경험하는 문화적 동화, 구조적 동화, 결혼을 통한 동화, 정체화의 동화, 시민적 동화라는 연속적 단계이론을 제안하는 결과를 낳았다. 첫 번째 단계, 문화적 동화는 소수집단이 사회적이고 정치적 실천에 관하여 수용 사회의 문화모델과 언어를 채택하는 단계를 가리킨다. 두 번째 단계, 구조적 동화는 일차적 집단(젊은이 집단, 클럽 혹은 단체) 속에 집단 구성원들의 가입을 가리킨다. 세 번째 단계, 결혼을 통한 동화에서 소수자들은 그들의 배우자를 출신집단 외부에서 선택한다. 정체화의 동화 단계라고 말하는 네 번째 단계에서부터 개인들은 수용 사회에 동일시된다. 다섯 번째 단계는 소수의 집단이 더 이상 수용 사회에서 증오를 경험하지 않는 상황을 가리킨다. 소수집단은 더 이상 차별화를 겪지 않고 '시민적' 동화를 알게 된다. 소수집단과 사회의 다른 집단 사이에서 일어나는 정치적 대립은 더 이상 존재하지 않는다. 이러한 분석에서부터 밀튼 고든(Milton Gordon)은 두 가지 핵심적인 결론을 제시하였다. 1. 문화적 동화는 우선적으로 일어난다. 2. 그러나 문화적 동화는 다른 동화의 형태 없이 독립적으로 일어날 수 있다. 그리고 이 경우 문화적 동화는 끊임없이 유지된다. 물론, 그는 1960년대 초 아프리카 - 아메리카인들의 경우를 생각했다.

민족적·인종적 집단과 관련하여, 머튼(Merton)과 파슨스(Parsons)의 일반 사회통합 이론에 직접적으로 영향을 미쳤던 이 이론은 과정이 단순했고 해결책이 요구되었다는 ─아프리카 - 아메리카인들의 동화의 경우 문화적 동화가 다른 동화의 단계에 의해 도출되지 않았다─ 단점이 있었다.

그럼에도 불구하고 이 이론은 수많은 작업에 직접적으로 영향을 주었고, 그러한 작업 중에서 우리가 예로써 들 수 있는 것은 밀튼 잉거(Milton Yinger)의 작업이다.[11] 그는 '구조적' 관계와 (자율적 모임에

---

11) Milton J. Yinger, 《Toward a theory of Assimilation and Dissimilation》, *Ethnic and Racial Studies*, 463(1981), pp.249~263; 《Ethnicity》, *Annual Review of Sociology*, 11(1985), pp.151~180.

참여와 제도기관에 참여) 문화적·심리적·생물적 관계를 구별했다. 각각의 체계에서 그는 사회통합, 문화동화, 자기 정체화, 타자와의 정체화 그리고 인구의 교배(유전자 섞기)를 연구했다. 이러한 다양한 과정은 상대적 자율성을 가진다. 특히 일반적인 구조적 통합에 수반되는 강력한 문화동화를 목격하는 것은 드문 일이 아니다. 거듭하자면 아프리카 - 아메리카인들의 경우이고, 더 넓게는 고정관념과 차별의 희생자가 되는 모든 대상의 경우이다. 그러나 우리는 반대의 경우도 목격한다. 문화동화가 거의 이루어지지 않은 대상들도 오늘날 강력하게 그들의 역사적·문화적 고유성을 유지하면서 공동체 삶에 효율적으로 참여할 수 있다. 그 예로 중국인 디아스포라이다. 이러한 분석의 결과는 동화가 "다차원적인 과정이라는 것이다. 즉 다양한 측면, 밀접한 상호 관계, 다양한 수준, 다양한 요소에서 독립적인 방식으로 변화할 수 있다"는 것을 나타낸다. 문화적 동화와 구조적 동화 사이의 차이는 우리가 이민자 통합의 사회적 문제를 이해하도록 도와준다.

문화적 동화와 구조적 동화 차이에 민감한 연구자들은 그때부터 공동체 삶의 차원과 분야가 아닌 단순한 형태의 발전과 변화를 포함하는 일시적인 요소나 상태에 대한 언급을 절제하였다. 이러한 이유로 프랑스의 경우, 연구자들은 동화의 개념을 통합의 개념으로 대체하였고, 이것은 통합 방식의 다양성을 강조하는 것이 되었다. 미국 연구자들은 지속적으로 동화에 대해 언급하였다. 그러나 모든 연구자들은 문화적 동화(통합)와 구조적 동화(통합) 사이의 구별을, 근대 사회의 특징 중의 하나로 규정하고 그것을 재정의화하면서, 유지하였다. 점점 더 국제화되는 문화의 증가하는 단일성은 다양한 역사와 상이한 사회적 집단 출신의 개인들 사이에서 평등한 교환이 이루어지는 데 충분하지 않다. 연구자들은 이로써 동화(혹은 통합)가 상태가 아닌 과정이었고 다양한 차원을 포함하고 다양한 차원에서 일시적이고 결정적인 차이가 존재할 수 있다는 생각을 가지게 되었다. 그래서 이주 유출 사회에서 사회화된 이민자들은 이민 사회에서 약화된 문화적 통합을 알게 되었고 권위적이고 구속적인 조직에서 구체적 노동을 실현하기 위해 채용되었고 사회적 구조에 통합되었다. 반대로 그들 부모의 정착 국가에서 사회화되고 문화적으로 토착민들과 구별할 수 없는 이민자 후세대들은 −문화적 관점에서 통합된−노동시장에 들어가는 데 매우 큰 어려움에 직면하게 되고 그들의 구조적 통합은 취약하다.

가장 최근의 이론들조차 이러한 전통의 연장선에 놓여 있고 본질적인 구분을 재정비 할 뿐이다.[12] 예컨대, 미국적인 경험에서 만들어진 '분할된 동화(assimilation segmentée)' 이론에 따르면, 우리는 문화적 동화와 구조적(혹은 사회적) 동화의 두 가지 변수를 조합하여 불평등한 분할요소를 구성한 사회의 이민자와 이민자 후세대의 동화 모델을 세 가지로 나눌 수 있다. 첫 번째 모델인 구조적(사회적) 동화는 문화적 동화를 동반한다. 예를 들어 프랑스의 스페인 이민자 후세대들의 경우이다.[13] 우리는 시카고 대학 사회학자들에 의해 묘사된 유럽 이민자의 이민 과정을 생각해 볼 수 있다. 두 번째 모델인 문화적 동화는 허술한 구조적 통합과 결합되어 결과적으로 이민자 자식들은

---

12) Alejandro Portes(dir.), *The Economic Sociology of Immigration. Essays on Networks, Ethnicity and entrepreneurship*, New York, Russell Sage Foundation, 1995, en particulier le chapitre 7.

13) 이것은 '이민자의 지리적 유동과 사회편입(MGIS)'이라는 연구의 이차자료 분석 이후 미르나 사피(Mirna Safi)가 얻은 결론이다(voir note 20 de ce chapitre). Cf. Mirna Safi, «Le processus d'intégration des immigrés en France. Inégalités et segmentation», *Revue française de sociologie*, 47−1, 2006, pp.3~48.

하류계층에 통합된다. 이를 *세습된 동화(downward assimilation)*라고 할 수 있다. 미르나 사피(Mirna Safi)에 따르면 프랑스 대도시의 외곽지역에 있는 마그레브 출신이나 아프리카 이민자들의 후손들이 세습된 동화의 예를 제공한다고 하였다. 마지막으로, 세 번째 모델인 사회적 동화는 문화적 동화가 동반되지 않고 이루어진다. 사회적 유동은 증가하지만 이민자들은 그들 고유의 특성을 가지고 있고 사회의 나머지 인구와 거의 섞이지 않는다. 그리하여 경제적 분야에서 매우 활발하고 근대 기술을 훌륭하게 습득하는 프랑스에 있는 터키인들이나 아시아인들은 문화적 다원주의에 결합될 수 있는 특수한 통합의 형태를 구축한다. 우리는 네 번째로 두 변수들의 결합의 경우에 관심을 가질 수 있다. 두 변수들의 결합은—문화적 통합도 아니고 구조적 통합도 아닌— 어떠한 사회적 경험과도 일치하지 않는다. 모든 개인들은 그들이 정착하는 사회에서 사회통합 형태를 인지한다.

구조적 통합과 문화적 통합 사이의 불일치는 모든 지표가 신용될 수 없고 집단들의 통합을 측정하기 위해 유일한 지표를 사용하는 것이 불가능하다는 점을 보여준다.[14] 이민국 국적이 외국인에게 자유롭게 주어지는 국가에서는 국제 결혼율이 다른 국적의 부부를 결합시킬 수 있으나 같은 국가, 같은 민족 집단 출신들의 부부를 결합시킬 수도 있다. 직업 활동을 한다는 사실은 최근에 도착한 동향인들의 확산을 감출 수 있다. 국적을 획득하려는 의지는 정착 사회에 통합되려는 갈망만큼 국적의 수단적 관계를 나타낸다. 단체 참여는 다른 사람에게 열린 의지를 표명하거나 정체화의 후퇴를 의미한다. 현지 언

---

14) Jacqueline Costat-Lascoux, «L'intégration et ses indicateurs», Journée de la population européenne, Tours, 21 juillet 2005. Site ⟨iussp.org⟩.

어의 비습득은 역으로 정규직의 직업 활동과 거주 사회의 아이들을 고무하는 프로젝트를 동반할 수 있다. 국가 간의 비교는 더욱 무모하다. 국가가 정착한 이민자들에게 짧은 시간에 국적을 부여할 때와 오랜 시간이 지난 후에 국적을 승인할 때, 외국인들과 내국인들 사이의 '국제' 결혼율의 비교가 무엇을 의미하는가? 우선, '국제'결혼은 이민국 국적을 획득한 사람이 이제 막 도착한 동향 출신의 사람과의 결혼이라고 할 수 있다. 그런데 연구조사들은 이러한 혼합의 의미가 매우 애매하다는 것을 보여주는데 그들 자녀들에게 외국 출신 배우자의 고유문화를 전달하려고 애쓰는 사람은 바로 정착 국가의 배우자들이다. 유일한 지표로서 국적 자체가 의미가 있기에는 사회통합의 분야는 너무도 많고, 다양한 통합 과정은 너무도 많은 괴리가 있으며 역행을 경험한다.

프랑스의 연구

프랑스의 연구는 미국에 비하여 매우 뒤늦었고, '공화국 통합' 프로젝트와 평등한 시민들이 특정인들의 역사적·종교적 과거를 더 이상 허락하지 않는다는 가정은 이민자 통합 연구가 비합법적이게 되는 상황을 양산했다. 프랑스의 이민자 통합 연구는 20년 전부터 발전되었고 주로 격렬한 논쟁을 유발하는 국가에 대한 동일화와 사회통합에 대한 반복적인 의문과 관련되어 있다. 그러나 용어의 문제와 정치적 논쟁의 다양한 활동을 넘어서 연구자들은 일정 부분 그들의 의견을 일치한다. 그들은 통합이 상태가 아니라 과정이라고 생각한다.

따라서 '통합의 수준'을 말하는 것보다 오히려 '통합의 과정'에 대해 말하는 것이 바람직하다고 본다. 그들은 또한 다양한 통합의 분야가 존재하고, 이민자 후세대들에 대한 문화적 통합과 '사회적' 혹은 '구조적' 통합 사이에서 발생되는 차이가 일탈 현상을 야기할 수 있다는 생각을 받아들인다. 연구자들 중 어떠한 이도 정착 사회 속 그들의 통합 방식을 분석하기 위해 외국인 출신 인구들에 대한 사회적 조건을 - 직업 활동과 도시 공간에서의 집단화 - 고려하지 않는다고 생각하지 않는다.

'통합주의자'와 '다문화주의자'

외국 출신의 수많은 이민자와 이슬람 문화권 이민자의 모든 서양 유럽 내 정착은 전통 정부에 대한 도전이 되고 사회통합을 재검토하는 새로운 다문화주의에 대한 질문을 초래하였다. 민주주의 국가의 원칙이 되는 '국민'과 정치조직의 일치는 다수의 문화와 매우 멀어진다고 평가되는 문화적 대상의 존재에 의해 제기되었을 것이다. 이민 사회학자들 가운데 어떤 이들은 유럽 건설과 지역애의 출현으로 인해 위협받고 있는 전통 국가의 해체를 두려워한다. 이와는 반대로 다른 사회학자들은 (전통 국가의 해체가) 그들의 바람을 담은 '새로운 시민성'의 구축이라고 여긴다. 그들은 미국과 캐나다의 소위 공동체주의 사상가들(Michael Sandel, Charles Taylor, Alasdair MacIntyre, Michael Walzer)에 의해 주도되어 온 사고에 영향을 받는다. 이들 사상가들은 사회적 연대가 더 활발하고 더 민주적이게 되기 위해서 사회적 조직이 개별적 공동체로 대체될 수 있는 새로운 민주적 사회조직을 권장한다.

대다수의 프랑스 연구자들에 의한 통합이라는 용어의 채택은－미국 사회의 연구자들은 동화를 말하고 있다는 것을 이미 살펴보았다－ 1980년대부터 개인들의 정체화에 대한 호의적인 시대적 분위기를 담아냈던 단순한 반향 때문만은 아니었다. 용어의 채택은 자유주의·공동체주의 사상가들의 철학적 논쟁을 동반하였다. 만약 우리가 자유주의·공동체주의 사상가들의 분석을 받아들여, 개인들의 정체화가 사적 영역 속으로 후퇴되는 대신 공적 영역 속에서 인식되었다면, 다양한 인구에 대한 사회적 통합은 더 자유로울 것이고 따라서 더 효과적일 것이다. 통합정책은 따라서 수용 사회의 규범을 새로운 이민자에게 강요하면서 개인들의 정체화를 파괴하거나 그들을 소외시키는 목적이 아니라, 공적 장소에서 그들의 고유문화에 대한 의미와 존엄성을 인정받게 하는 데 목적이 있다. 캐나다와 오스트레일리아에서 채택되었던 다원주의적 정치는 진정한 민주주의적 통합의 수단을 제공하려는 목적으로 이와 같은 의도 속에서 발현되었다. 정책 참여관계자에 의하면, 다원주의 정치는 문화적 단일성의 경향을 가지고 1970년대까지 적용되어 온 통합 정책보다 더욱 효율적이라는 것이다.

프랑스에서 1980년대와 1990년대를 통해 일어난 논쟁은 통합문제가 '민족적' 문제보다 사회적 문제였다는 것을 강조하였다. 또한 이 논쟁은 전통적 통합 모델을 중요시하는 자칭 '공화주의자'들의 '통합주의자'와 통합 형태의 재건이 요구되고 필요하다고 주장하는 공동체주의 사상가들에게서 영향을 받은 '다문화주의자' 간의 대립으로 지배되었다. 이와 같은 논쟁은 상대화가 유용하지 않다는 대립을 강화하는 결과를 초래하였다.

　‘통합주의자’도 ‘다문화주의자’도 시민 평등과 개인 시민권(la citoyenneté individuelle)에 대해 의문시하지 않았다. 그 어떤 주의자들도 실업이 맹위를 떨치는 도시 외곽에 정착한 외국 출신 주민들의 사회적 어려움을 과소평가하지 않았다. 자끌린 코스타 - 라스쿠(Jacqueline Costat-Lascoux)는 모든 사람들이 통합 조건의 대상이라고 지적하였다. 그녀에 의하면 통합은 ‘5가지 중심 원칙에 의해 근거한다.’ 이것은 토착민들의 지위에 근거하여 외국인 노동자 지위와 그들 가족들의 처우에 대한 평등/ 출신에 따른 배제, 차별적인 말, 행동에 대한 규제 및 예방/ 인종, 민족, 국적, 종교, 성별에 따른, 소속 혹은 비소속으로 인한, 사람 혹은 집단에 반대하는 이유로 인한 배제, 차별적인 말, 행동에 대한 규제 및 예방/ 사회 교육적 정책/ 그리고 거주 국가의 국적 획득과 시·도의 지역 기관의 피선거권 및 선거권 획득이다.[15] ‘통합주의자’들도 외국인 출신 인구들이 모든 형태의 정체화, 문화적 근거의 형태, 그들이 유지하기 원했던 개별적 신뢰의 형태를 그들의 사생활에서 유지하는 것에 반대할 생각은 더 이상 없었다. 공적 자유가 이러한 자유를 보장하는 것은 가능하지도 않고 희망되지도 않는다. 민주주의는 각 개인들의 자유에 맡겨진 사생활과 공적 생활의 구별에 근거한다. 진정한 논의는 모든 형태의 정체화, 문화적 근거의 형태, 개별적 신뢰의 형태가 어떤 지점까지 정치적 공간에서 인정되어야 하고 인정될 수 있는가를 알기 위해 제기되거나 제기되어야 했음이 틀림없다. 매우 구체적으로, 어떤 수준에서 그들의 표현은 공권력에 의해 구성되어야만 하고 공적 자금에 의해 보조되어야 하는가? 이

---

15) Jacqueline Costat-Lascoux, « L'intégration à la française. Une philosophie, des lois», dans P. Dewitte(dir.), *Immigration et intégration*…, op.cit., p.329 et suiv.

러한 질문은 광의의 질문으로 연결된다. 어떻게 모든 시민들의 자유와 개인의 평등을 결합할 수 있고―어떤 사람도 더 이상 의문을 제시하지 않는 원칙― 그들의 공동체적인 문화적 특수성 속에 공적 인정을 결합할 수 있는가?

'다문화주의' 사상가들은 시민권에 근거한 다양성의 '고전적' 관리가 효과가 없다고 평가하는 미국 공동체 사상가들의 논의를 재검토하였다. 공화주의 시민권의 공통 규율을 강요하는 시민권은 추상적인 시민으로서뿐만 아니라, 개별적 문화와 역사를 지탱하는 구체적인 개인들의 존엄성을 인정하려는 사람들의 요구도 알지 못한다. 찰스 테일러(Charles Taylor)는 개별성에 대한 '인정(Reconnaissance)' 정책을 펼쳐야 한다고 한다. 단일성/ 평등/ 보편성에 의한 사회적·정치적 통합은 공적 분야에서―시민권의 실행과 형성의 장소― 너무도 오랜 기간 동안 부차적인 주제가 되었고, 단일성/ 평등/ 보편성에 의한 사회적·정치적 통합이 긴 시간을 통해 개별적·역사적·종교적 특수성을 제거하였다.

통합주의자들은 개별적 권리(droit particulier)에 대한 공적 인정이 '공동체주의'라는 단어로 요약될 때 발생하는 위험을 주의시켰다. 첫 번째 위험은 개인의 자유와 모순적이게 된다는 것이다. 개별적 권리를 주장하는 것이 개인적 자유와 다른 사람들과의 교환을 가능하게 하는 것과 달리 개인을 그들의 개별성에 가두어 두거나 개인에게 집단을 정해주는 위험이 발생한다. 합법적이라고 알려져 있는 태생적 집단에 소속되는 것은 민주주의 인간의 자유에 모순된다. 인간은 다른 집단으로부터 고립된 현실 집단에 소속되지 않는다. 다양한 단체에 소속되고, 다양한 집단에 연속적으로 동일화되는 것은 자유롭다.

공적 인정은 개인주의 사회의 이러한 심오한 특징과 모순된다. 두 번째 위험은 사회적 통합에 관련되어 있다. 개별적 집단에 대한 공적 인정은 출신 공동체를 극복하고 다른 사람들과 관계를 맺는 수단을 개인에게 제공하지만 시민들을 결집하고 출신 공동체 속으로 개인의 후퇴를 조장하는 개별주의를 인정하고 구체화하는 위험이 있다. 문화 집단은 결정론적으로 주어지지 않고, 그것은 역사적 구성의 산물이다. 공적 인정은 문화 집단의 개별적 권리를 어느 순간에 인정하면서, 그것을 지속적인 방식으로 존재하게 하는 데 기여한다. 공적 인정은 '공동체'를 나란히 병치하고, 공동체 사이에 교환 없이, 서로서로가 닫힌 사회적 분열을 초래하는 위험이 있을 것이다. 만약 우리가 차별화된 시민권의 형태를 공동체에 부여한다면 어떻게 다양한 집단의 평등을 보장하겠는가? 인정된 권리에 대한 차이가 다른 권리를 불가피하게 초래하지 않을까?

절충 다문화주의 사상가들은 이러한 위험을 고려한다. 그들은 이와 같은 정책들을 실행하는 조건을 제시한다.[16] 첫 번째, 개인들이 개별 집단에 소속되는 데 강제적으로 규정되어서는 안 된다는 것이다. 개인들은 집단에 가입하거나 탈퇴하는 것이 자유로워야만 한다. 두 번째, 인간의 권리와 양립할 수 없는 특징을 가지는 문화를 인정해야만 한다는 것이다. 우리는 극단적인 다문화주의 특정 사상가들을 칭송하고, 남자와 여자의 신분적 불평등을 합당화하고 아내를 때리는 남편의 권리나 여자아이의 할례를 정당화하는 문화적 전통을 절대적 문화적 상대주의라는 명목으로 인정해서는 안 된다. 마지막으로, 다

---

16) 예를 들어, Will Kymlicka, *Multicultural Citizenship. A Liberal Theory of Minority Rights*, Oxford university Press, 1995, Sylvie Mesure et Alain Renaut, *Alter ego. Les paradoxes de l'identité démocratique*, Paris, Aubier, «Alto», 1999.

양한 집단이 평등하다는 것은 중요할 것이다. 소수에 대한 권리 인정이, 한 집단이 다른 집단을 지배하는 상황으로 이르게 해서는 안 된다. 집단 간의 평등이 성립되지 않는 한, 우리는 인종차별의 상황을 맞이하는 위험에 이르게 된다.

'다문화주의자들' 혹은 '통합주의자들'은 민주주의적 개인주의 가치에 직접적으로 영향을 받은 조건들에 동의할 수밖에 없다. 어떻게 민주주의 질서가 개인의 모든 능력을 개발하는 수단과 자신과 다른 사람들을 진실하게 발현시키는 수단을 제공하는 데 합법적임을 부정할 수 있는가? 어떻게 민주적인 사회가 시민의 정치적 평등을 개별적 문화와 역사에 뿌리박힌 개인의 열망과 결합시켜야 한다는 것을 부정할 수 있는가? 그러나 문제는 이러한 문화적 권리에 대한 *제도적* 인식을 구체적으로 조직하는 것이다. 어떻게 시민의 평등과 문화적 권리의 다양성에 대한 인정을 정치 제도에 포함할 수 있는가?

공동체주의 철학에 영향을 받은 사상가들이 고려하기를 기대하는 '문화적 권리'의 내용은 무엇이 될 수 있을까? 시민권에 명시된 정부의 종교적 중립성은 종교적 자유를 구성한다. 더욱이 그것은 소수 종교를 보호한다. 몇 년 전부터 프랑스 불교신자들이 국가의 정교분리의 원칙으로 인해 증가하고 있다. 지적 활동의 실천은 모두에게 허용된다. 개인은 사생활에서 축제를 즐길 자유가 있고, 문화 단체를 설립할 자유가 있으며, 공공의 가치에 모순되지 않는 공동체 생활의 형태를 선택할 자유가 있다. 그런데 언어에 대한 문제는 남아 있다. 개인이 자기 집에서 사용하고 그들의 친구들과 사용하는 언어를 학교, 병원, 법원, 정치 기관에서도 사용하는 권리를 가져야 하는가? 시민들이 공통어로 소통하지 않는 공통의 공적 영역은 어느 지점이어야 하는

가? 문화적 권리에 대한 인정이 예를 들어, 프랑스에서 '지역 언어와 소수 언어들'을 보호하는 유럽 조약의 주장을 타당하게 할 수 있도록, 우리가 최근 십여 년 전부터 확산이 되고 있는 것을 목격하고 있듯이, 27개 언어로 모든 공식적 텍스트가 번역될 수 있을까?[17) 시민권에 대한 정신과 언어를 학습하는 공공 학교는 무엇보다도 가치들에 대한 학습과 '사회' 공간으로 민주주의 실천 장소로 유지될 수 없을까?

'통합주의자들'의 핵심적 비판은 개별주의에 대한 모든 *법률적* 인정이 끊임없는 '요구'의 논리가 되는 위험에 처한다는 사실이다. 어떤 이유로 중국어가 아닌 아랍어나 베르베르어를, 다른 언어가 아닌 브르통 언어를 인정하는가? 왜 역사적·문화적 특정 집단에 공동체 권리를 주고 다른 집단에는 아닌가? 어떤 정의의 기준으로 다른 것보다 오히려 이것을 인정하도록 선택하는가? 개별주의의 논리는 개인을 최종 목적으로 한다. 만약 그것이 정치적이고 특수한 '문화적 권리'의 제도로 인정된다면, 피할 수 없고 기대되는 사회적 삶의 다원주의는 정치적 지위의 불평등을 초래하는 위험이 있다. 이러한 위험은 사회적 분열을 저지하는 것보다 오히려 그것을 강화한다. 한편, 오늘날 민주주의 사회에서 경제 논리와 상업 논리는 시민적 연대를 희생시키면서 더욱더 강요된다. 지금까지 문화적 다원주의의 제도적 인정은 사회적·정치적 다원주의로 이어졌다.

이러한 논증에서 '통합주의자'들은 시민권의 원칙에 대한 유연하고 포용적인 '민주주의적' 재해석이 개별 집단이 그들 공동체의 존엄성을 인정받는 감정을 가지는 데 충분할 것이라고 결론짓는다. 유대인

---

17) 우리는 현재 인도의 경우처럼 수십 년 만에 공용어로서 영어를 선택하게 될 수 있을지에 대한 의문을 가질 수 있다.

들의 전통 교육에 의해 국가교육 프로그램을 완성하고 그것을 적용시키는 유대인 학교는 그들에 의하면 공통의 문화와 특수한 유대 문화 사이에서 가능한 절합의 예를 제공하였다. 이는 영미권에서 사용하는 용어로—혹은 프랑스 용어로 '관용적 공화주의'— '절충 자유주의' 형태를 채택한 것이다. 절충 자유주의는 정치적 삶에 대한 문화적·사회적 조건에 민감하고, 개인들의 필요에 주의를 기울이고 유연한 통합 방식을 제안하면서, 자유주의 혹은 전통적 공화주의보다 근대 민주주의에 더욱더 잘 적응된다. 만약 우리가 절충 다문화주의 이론가들에 의해 문화적 권리가 제정된 조건을 엄수한다면, 민주주의 사회의 공동체적 가치에 맞는 '관용적 공화주의'에 근접한 정책에 도달하지 않을까? 시민권은 사회와 시민권의 발전을 근간으로 재정의되는 것을 멈추지 않았다. 그 자체로 변형되기를 그치지 않는 문화적 차이에 대한 권리를 통해 구체화 이전의 시민권의 역사를 지속시켜야 하고 '민주적' 방식으로 시민권에 대한 실천을 재건립해야만 한다.

진정한 민주주의 건립에 관심이 있는 절충 '다문화주의' 지지자들은 '문화적으로 차별화된 동일화'에 해당하는 개인들의 권리를 인권 선언에 새기면서 '개인주의적 역동성의 분열된 결과'에 저항하기를 원한다. 그래서 우리는 공동체 권리가 아닌 개인들의 권리를 인정할 수 있을 것이다—예를 들어 지역적 언어를 사용하는 것—. 개인들의 권리는 그것이 인간의 권리와 양립될 수 없다는 조건에서 '표현방식의 다양성 속에서 문화적 동일화를 지키거나 선택하는' 자유를 가질 수 있을 것이다.[18]

다문화 정책의 의미가 각 국가마다 다르게 나타난다는 것은 사실

---

18) S. Mesure et A. Renaut, *Alter ego…*, *op.cit.*

이다. 영국인들은 매개자 혹은 개별 '민족 공동체'에 대한 사회적 인식에 근거한 - 법률적 근거가 아닌 - 통합의 전통을 가지고 있다. 우리는 이 글의 뒤에서 이민자 자녀들의 통합정책결과를 확인하게 될 것이다. 소수자의 권리는 민주주의적 전통이 약한 발칸국가에서 다양한 민족들이 공존하기 위한 해결책이 될 수 있다. 두 토착 민족과 최근에 이민을 한 이민자 공동체로 구성된 캐나다의 다문화주의는 프랑스와 같은 통일된 국가에서와 같은 의미를 지니지 않는다. 우리는 문화적 권리 인식에 대한 정책을 채택하기 위해 국가 형성의 역사와 정치 질서의 합법성을 무시할 수 없다.

'통합주의자들'에게 있어서, 정부의 첫 번째 역할은 사회적·종교적·지역적·국가적 출신이 무엇이든지 시민권의 형식적 평등과 추상화를 통해 모든 개인을 통합할 수 있는 공동의 정치적 공간의 단일성을 구성하는 데 있다.[19] 만약 개별 집단에 해당되는 개별 요구에 호응하도록 기대된다면 - 과거에 그것을 할 수 있었던 것처럼, 오히려 개별 요구를 기계적으로 거부하는 것보다 - 그것은 개별주의를 재정적으로 보조하고 구성하는 역할이 아니다. 정부의 중립성은 종교에서와 마찬가지로, 개별 문화에도 적용해야만 한다. 정부의 첫 번째 기능은 각 개인에게 공동체 삶에 참여하는 수단을 제공해야 하는 것이다. '다문화주의'를 선호하는 사상가들에게, 개인의 자유와 진정한 동일화를 알게 하는 수단을 개인에게 제공하는 것이 무엇보다 중요하지만, 정부의 기능이 그들의 자유와 동일화가 각 개인들이 태어난 문화와 그들 자녀에게 전승하기를 원했던 문화와 결별될 수 없다는 사실

---

19) Dominique Schnapper, *La communauté des citoyens. Sur l'idée moderne de nations*, Paris, Gallimard, ≪NRF Essais≫, 1994.

을 알게 하는 것도 중요하다.

'통합주의자들'과 '다문화주의자들' 사이의 대립은 에르베 르브라 (Hervé Lebras)와 미셸 트리발라(Michèle Tribalat)가 대립했던 격렬한 논쟁에서 나타난다. 1990년대 초 인세(INSEE)와의 공동 연구를 통해 이네드(INED)가 실시한 '이민자의 지리적 유동과 사회편입(MGIS)' 조사에서 이민자 자녀들의 '동화 과정'에 대한 분석을 위해 민족적 카테고리를 사용했었을 때 미셸 트리발라(Michèle Tribalat)가 연구 작업을 총괄하였다.[20] 그런데 이 연구가 어떠한 질문도 종교와 출신국가 문제를 제기하지 말아야 한다는 '공화주의'의 전통을 단절시키고 '민족적' 집단의 존재에 관심을 드러내었다고 에르베 르브라(Hervé Lebras)는 연구 책임자를 비난했다. 이때의 전통은 평등한 시민들은 그들의 신앙과 출신에 의해 구별되지 않고, 통계 조사에서조차 구별되지 않아야 한다는 공화주의적 유토피아에 근거한다. 미셸 트리발라(Michèle Tribalat)는 반공화주의적 의도는 없었으며, 국가와 민족 출신에 따른 구별을 애초에 무시하고 확실한 자료에 근거하여 통합 정책을 마련하는 대신, 국가·민족 출신에 따라 구별된 대상을 더욱 잘 이해하고 (공화주의적) 환상을 없애며 차별로 희생이 되었던 구별을 인식하기 위해 (민족적 카테고리가) 필요했다고 주장했다. 민족적 카테고리를 고려하지 않는 것은 그로 인한 희생자들과 차별을 필연적으로 부정하는 것이고 객관적으로 차별을 공조한다는 것이었다. 통계로 나타난

---

20) 미셸 트리발라(Michèle Tribalat), 파트릭 시몬(Patrick Simon), 브느와 리앙데(Benoît Riandey)에 의해 소개된 지리적 이동과 사회적 편입에 대한 조사(L'enquête Mobilité géographique et insertion sociale(MGIS))는 세 집단 - 이민자들(8,522 설문지), 프랑스에서 태어난 이민자 자녀들(1,921 설문지), 표본 집단(1,822 설문조사) - 을 연구 대상으로 하였다. 그들은 스페인, 포르투갈, 알제리, 모로코, 튀니지, 아시아(Cambodge, Laos, Vietnam), 아프리카에서 온 이민자들로 구성되었다. 이 연구에 참여했던 프랑스에서 태어난 이민자 자녀들은 알제리, 스페인, 포르투갈 출신 젊은이들이었다(*De l'immigration à l'assimilation. Enquête sur les populations d'origine étrangère en France*).

모든 시민이 평등하다는 법률적 허구(fiction)는 결국 인종주의의 진실을 은폐하는 수단이 될 뿐이라는 것이다.

불필요한 격론과 별도로 이 논쟁은 사회학적 시도의 논리적 난점을 증명했다. 논쟁은 지속적으로 전개되고 정당, 사회학자, 안티 인종주의 활동가를 성장시킨다. 카테고리에 대한 인식은 불가피하게 연구자에 의해 이민자 카테고리가 성립되는 방식대로 생기게 되고, 통계는 실제적으로 이러한 카테고리의 현실을 반증한다. 모든 인식은 인식 자체로서 필수불가결하게 현실의 부분이 되었다. 이런 의미에서 이와 같은 조사연구가 민족적 카테고리에 대한 인식에 기여한다는 점은 사실이다. 그러나 통계학자들은 이러한 카테고리를 무(無)에서 만들지 않는다. 비록 우리가 그것을 이해하는 인식이 카테고리를 인정하는 데 기여할지라도 차별에 대한 측면이 카테고리를 만드는 것은 아니다. 민주주의 사회가 불평등을 극복하기 위해 민주주의를 이해하려고 할 때ー민주주의 유토피아와 관련된 야망ー, 사회과학은 인식 수립에 기여할 뿐이다. 객관적인 인식을 가능한 한 구축하면서 연구자들이 민주주의 사회에 대해 자가 인식의 시도를 포기하는 것은 정책적으로 혹은 윤리적으로 있을 수 없다. 그래서 우리는 민족적 카테고리에 대한 고찰이 북유럽의 민주주의 사회와 마찬가지로 프랑스에서 점진적으로 적용될 것이라고 생각할 수 있다.

연구 조사

이민자와 그들 후세대의 소집단에 대한 양적 조사는 30년 전부터 수없이 이루어져 왔다. 이에 관한 연구 결과는 전체 이민 연구에서 확인되었고 특정 주제에 대한 결과는 '이민자의 지리적 유동과 사회 편입(MGIS)' 국가 통계 조사를 통해 명확해졌다. 비록 동화라는 주제가 다시 새롭게 등장하였지만, 대다수의 이민자 후세대들의 동화과정이 출신국가에 따라 다양한 형태를 취하는 점을 보여주면서 연구 책임자들은 통합의 다양한 측면을 분석하였다.

MGIS 조사는 비록 이민자들의 출신국가에 따라 차별적인 결과가 나타날지라도 점차적으로 가족의 영향력이 지역적 규범에 의해 지배되었다는 것을 보여주었다. 알제리, 모로코, 튀니지에서 온 이민자들 중, 대략 두 여자 중 한 명은 그녀의 가족이 선택했던 남자와 결혼했다. 더구나 알제리에서 태어난 여자들 중 20%는 그녀들의 동의와 상관없이 가족이 정한 남자와 결혼을 했다. 그러나 프랑스에서 태어난 자녀들의 경우 가족의 영향력은 급격하게 줄어든다. 알제리 출신의 결혼한 젊은이들 중 5% 이하만이 가족의 결정에 의해 이루어진 결혼이었다. 이성교제는 종종 범국가적이었다. 20세와 24세 사이 포르투갈과 스페인 이민자들 자녀들은 같은 나이의 프랑스 젊은이들만큼 잦은 이성교제를 하고 있었다. 반대로 알제리 출신 젊은 남자들의 경우 결혼이 늦어졌는데, 이는 남자들이 민족 집단 내부에서 결혼을 결정짓도록 행사하는 가족들의 압력과 남자들의 불확실한 경제적 상황, 그리고 여자들의 행동을 통제하는 지배적인 성향 때문이었다. 25세와 29세 사이 전체 인구의 초혼율이 35%인 반면, 알제리 출신들은 20%만이 초혼이었다. 알제리 출신 여자들의 경우 (초혼율보다) 결혼율 (38%)은 좀 더 높다(스페인 출신 여자들 59%, 이민자 출신이 아닌 프랑스인 65%, 포르투갈 출신의 여자들 78%).[21]

---

21) *Ibid.*, p.99 et 100.

‘국제’결혼은—출신 집단 외부에서—스페인과 포르투갈 이민자들의 자녀들 사이에서 좀 더 빈번하게 일어났다. 알제리 출신의 젊은이들에게서 국제 결혼율이 가장 낮게 나타났는데 이러한 경우에도 프랑스에서 태어난 알제리 젊은이들의 국제결혼은 절반에 해당하는 데 반해 이민자 자녀들의 국제 결혼율은 25%였다. 남자들의 경우 프랑스에서 태어난 사람들의 국제결혼이 현실적으로 많이 이루어졌다. 그러나 국제결혼은 역시나 여자들에게 증가되었지만 어린 시절에 이주한 이민자들의 딸들일 경우 낮은 수준에 머물렀다.

출신국가에 따라 수많은 이민자들이 그들의 국가로 되돌아가고 싶다고 표명하고 자신의 출신국가에서 죽은 뒤 묻히고 싶다는 바람을 가졌다(두 바람은 전체적으로 변화한다). 많은 수의 스페인 이민자들이 그것을 원했지만(12% 남자, 13% 여자) 포르투갈 이민자들이 조금 더 많았다(33% 남자, 27% 여자). 특히 많은 터키 이민자들과 그들의 자녀들은 고국으로 되돌아가고 싶어 했다. 또한 고국에서 마지막을 맞이하겠다는 바람도 가장 높게 나타났다(77% 남자, 80% 여자).

프랑스에서 태어난 이민자 자녀들의 경우, 거의 대부분의 이민자 자녀들이 출신국가에 정착하는 것을 고려하지 않았고, 스페인 출신의 젊은이들에게서 가장 높은 비율을 찾을 수 있었다(두 부모가 이민한 경우의 28%). 반면 가장 낮은 비율은 알제리 출신의 젊은이들 사이에서 나타났다(두 부모가 이민한 경우의 11%, 국제결혼을 한 경우의 7%). 여자들은 남자들보다 출신국가로 귀향하기를 적게 희망했다. 자녀들이 성장하여 부모의 집을 떠났을 때 그 비율은 더욱 낮아졌는데 그들 중 3%만이 귀환을 실현하였거나 출신국가에서 정착을 하는 중이었다. 이민자 자녀들의 2% 이하만이 그들 부모의 출신국가에서 장기체류를 경험했다. 주로 바캉스의 경우처럼 단기체류를 통해 구체적인 유대가 유지되었다. 포르투갈 이민자 자녀들의 바캉스 체류기간이 가장 길었으며, 다음으로 스페인과 모로코, 알제리 출신의 자녀들이었으며, 마지막으로 아프리카의 자녀들이었다. 동남아시아 출신들의 이민자 자녀들은 예외적이었다. 프랑스에서 태어난 이민자 자녀들은 출신국가에서 바캉스를 보내는 경우가 아주 드물었고, 특히 그들이 성장하여 부모의 집을 떠났을 때는 더욱 그러했다. 이민자 자녀들이 부모들의 출신국가를 방문할 때 그들 중 75%가 외국인처럼 느껴진다는 인상을 가졌는데 이는 알제리에서 귀환한 이민자 자녀에게 가장 높은 비율로 나타났다(80% 여자, 65% 남자).

프랑스로 귀화한 이민자의 80%에 가까운 남자들과 75%의 여자들은 선거인 명단에 등록되었다. 이는 국가 평균(거의 90%에 이르는)보다 조금 낮은 비율이지만 스페인 출신 이민자들은 국가 평균과 동등한 비율로 등록되었다. 선거인 명단에 등록된 이민자 비율은 시간이 흐름에 따라 국적 획득의 수와 함께 증가되었다. 프랑스에서 태어난 이민자 자녀들은 프랑스 인구 평균보다 선거인 명단에 등록하는 비율이 낮았다. 일반적으로 프랑스 - 스페인 부부 사이에서 태어난 자녀들의 경우는 예외이지만, 이민자들의 자녀들의 정치적 관심은 낮았다. 젊은 사람들의 두 명 중 한 명만이 선거인 명단에 등록했고, 25세와 29세 사이 젊은이들의 삼 분의 이만이 선거인 명단에 등록하였다.

학교에서 사용되는 언어는 점점 더 가족 내에서 사용되었다.[22] 프랑스어 구사능력은 신장되었고 가정에서 대다수가 사용하는 언어가

---

22) 이 결과는 가장 최근에 EFFNATIS의 조사와 INED 조사에 의해 확인되었다. François *Héran et al., Hisotires de Famille et histories familiales. Les résultats de l'enquête famille de 1999*, Paris, Cahiers de l'INED, 2005.

되었다. 단지 13%의 알제리 출신 젊은이들, 27%의 포르투갈 출신의 젊은이들, 34%의 스페인 출신의 젊은이들은 유일한 모국어로서 부모들의 언어를 내세웠다. 2개 국어 병용은 프랑스에서 태어난 아이들이 있는 스페인과 포르투갈 이민자 출신 가정에서 지배적이었다. 반대로 알제리 출신 젊은이들의 절반 이상이 모국어로 프랑스어를 표명했고 더구나 부모들 중 한 명이 프랑스에서 태어났을 경우에는 프랑스가 모국어의 자리를 차지했다. 그들은 90% 이상 부모의 언어를 이해한다고 했지만 부모의 언어를 구사하는 경우는 드물었고 특히 알제리 이민자들의 자녀들의 경우가 그러했다. 두 세대를 거치게 되면 출신 국가의 언어가 소멸되는 현상이 일반적이었다.[23] 이 점에서 터키 이민자 자녀들은 예외적이었다. 다른 모든 국가의 이민자 자녀들의 경우 부모의 언어를 쓰고 읽는 것이 부모의 언어를 말하는 것보다 드물었다. 터키의 이민자들의 경우는 예외이지만 이민자와 그들의 자식들에게 나타나는 공통적인 현상으로 출신국가의 신문 구독이 지역 신문 구독으로 대체되었다는 것이다. 텔레비전과 카세트 비디오 기계 보급률 그리고 텔레비전 시청은 주로 현지의 생활방식을 따르고 있었다. 파라볼라 안테나 설치로 인해 프랑스 국경 너머의 방송 채널을 시청할 수 있지만 이민자 자녀들은 그것을 거의 이용하지 않았다. 터키 인들은 모국어로 된 비디오 시청을 위해 비디오 카세트를 가장 많이 사용하는 이민자로 나타났고(76%) 56% 모로코 이민자들, 47% 알제리 이민자들도 이와 같은 경우에 해당하였다.

조사 연구자들이 규정한 출신국가를 기준으로 할 때, '프랑스에서 태어난 외국인 출신 젊은이'들의 사교성은 프랑스 젊은이들의 사교

---

23) M. Tribalat, *De l'immigration…, op.cit.,* p.205.

성에 근접했었다. 그들은 프랑스 젊은이들만큼 가끔 혹은 그들보다 더 자주 사교적 생활을 위해 외출을 하였다. 특히 스페인과 포르투갈 출신의 젊은 여자들의 경우가 그러했다. 알제리 출신 젊은 여자들만이 다른 젊은이들에 비해 외출 빈도가 낮았다. 일반적으로 외국인 출신 젊은이들은 프랑스 젊은이들의 평균수준의 사교성과 필적할 만한 사교성을 가지고 있었고, 외국인 출신 젊은이들이 이웃과 좀 더 발달된 사교성을 가지고 있었는데 특히 알제리 출신의 젊은이들이 그러한 경우였다. 알제리 출신(16% 남자, 19% 여자)과 포르투갈 출신 여자의 경우(16%)를 제외하고 공동체와의 관계 비중은 줄어들었다. 일반적으로 사교의 대상은 특별히 지배적인 경향 없이 매우 다양했다. 포르투갈 이민자 자녀들의 경우 공동체 혹은 종교적 단체에 거의 참여하지 않았고 최대 3% 정도일 뿐이었다. 알제리 출신 젊은이들의 경우 스포츠 활동만이 공동체 단체 생활이라고 나타났다. 소수만이 극히 드물게 그들 부모들의 전통 음식을 고수하였고, 알제리 출신 젊은 여자들은 전통요리와 현지요리를 혼합한 요리를 하였지만 쿠스쿠스는 프랑스에서 대표적인 그들만의 국가음식이었다.

이 조사는 전체적으로 종교적 실천성이 낮았다는 결과도 보여주었다. 종교의례에 참석하는 빈도는 특히 알제리 이민자의 자녀들에게서 낮게 나타났다. 비종교인들의 인구는 일반적으로 프랑스 비종교 인구와 비슷한 수치로 약 70% 정도였다. 유일하게 예외적인 경우는 포르투갈 출신의 두 부모에게서 태어난 젊은이들이었다. 그러나 무슬림의 경우, 종교적 금기와 라마단의 엄수는 두 부모가 알제리에서 태어난 경우 그들 부모들에 대한 일종의 예의적 의미로 유지되었다. 자녀들이 부모의 집을 떠났을 때, 비록 딸들이 아들보다 조금 더 충직하게 가족적 관습을 유지할 지라도, 이것은 엄격하게 지켜지지 않았다. 이러한 관습들은 출신국가 위주로 구성된 집단이 많은 지역에서, 사회적 통제가 더 강하게 유지되는 지역에서 지켜진다. 라마단을 지키는 사람들의 수는 비이민지역에서 50%에 해당하지만 이민자 거주지역에서는 73%로 증가한다. 관습은 또한 국가에 따라 변화하였는데 알제리인의 경우에 약하게, 모로코인·튀니지인들의 경우에 조금 더 강하게 나타났다. 비록 관습은 간헐적인 실천으로 지켜졌지만 이슬람 전통의 수많은 이민자들은 음식과 관련된 금기를 엄수한다고 밝혔다.

조사를 한 연구자들에 의하면 스페인 이민자들은 무엇보다도 가족적이고 폐쇄적인 성격을 가졌지만 정착사회에 대해 매우 열린 사회적 형태를 띠었다고 분석하였다. 그들은 프랑스인들과 다름없이 종교에 대한 무관심을 보여주었다. 젊은이들은 프랑스 사회에 강력하게 문화적으로 동화되었다. 알제리 이민자들의 사회성은 무엇보다 내부적이고 가족적이고 폐쇄적이었다. 이웃과의 교류에도 공동체적 관계가 특별하게 우선적으로 작용되지 않았다. 그들의 종교적 실천력은 낮았으나 그들이 실천했을 때, 가톨릭 신자들보다 더 엄격하게 준수하였다. 주거지역 사회에서 매우 열린 사회성을 가지고 있는 포르투갈 이민자들은 프랑스인들보다 더욱 강력한 종교적 실천을 행하였다. 터키 이민자들이 유지하는 공동체에 대한 사회성은 열린 사회성과 대립되었는데(이웃방문, 사람들을 위한 커피) 미숙한 프랑스어 구사력은 터키인이 아닌 다른 이웃과의 접촉을 제한하는 역할을 하였다.

연구조사는 통합에 대한 다양한 지표를 엄격하게 측정하는 데 가치가 있었다. 그러나 통합이란 용어보다 오히려 동화라는 용어의 사용이 의미가 있었다. 분석을 지배했던 합의의 이론은 이민자들과 그

들 자녀들이 현지문화의 친밀도를 나타내는 공통기준에 따라 분류될
수 있었다는 것이다. 정착사회에 참여하는 다양한 방식을 강조하기
위해서 프랑스에서 동화란 용어를 통합이라는 용어로 대체하였다는
비판은-다른 연구자들에 의해 제기된- 무시되었다.

  MGIS 조사 이전과 이후에 진행된 표본 집단의 부분 조사는 이러한
결과를 확인시켜 주었다. MGIS 조사 이전의 연구에서 압델말렉 사야
드(Abdelmalek Sayad)는 프랑스에서 태어나서 이미 문화적으로 프랑스
인이 된 알제리 이민자 자녀들의 사회화를 분석했다. 그리고 그는 알
제리에서 사회화된 후 청소년기에 도착한, 전통 사회의 규범에 익숙
한 형제자매들과 그들을 분리시켰던 가족 내부의 '보이지 않는 국경'
을 분석하였다.[24] 민속학적 형태의 다양한 연구는 전통적 정신과 가
족적 가치관에 대한 애착, 다른 사람들과 마찬가지로 직업 생활에 참
여하는 마그레브 출신 이민자 자녀들이 갖고 있는 부모를 존경하는
배려심을 강조하였다.[25] 그들 중 가장 전통적이고 가장 종교적인 사
람들조차 주변 사회의 가치에 따라서 무슬림적 전통을 재해석한다.
인세(INSEE)의 조사는 그러한 점에서 이민자 후세대들의 학교성적 결
과가 그들 부모의 이민과 그들의 출신국가에 관련되어 있기보다 그
들 '삶의 객관적 조건들'에-낮은 경제적 문화적 수단- 더욱 관련되
어 있다는 것을 보여주었다.[26]

---

24) Abdelmalek Sayad, «Les enfants illégitimes», ler partie, *Actes de la recherche en sciences sociales*, n° 25,
   janvier, 1979, pp.61~81, 2e partie, n° 26~27, mars-avril 1979, pp.117~132.

25) Marnia Belhadj, *La conquête de l'autonomie, Histoire de Françaises descendantes de migrants
   algériens*, Paris, Les Editions de l'Atelier / Editions ouvrières, 2006 ; Hervé Flanquart, *Croyances et
   valeurs chez les jeunes Maghrébins*, Bruxelles, Complexe, 2003.

26) Louis-André Vallet, «L'assimilation scolaire des enfants issus de l'immigration et son interprétation.
   Un examen sur données françaises», *Revue française de pédagogie*, n° 117, octobre-décembre
   1996, pp.7~27.

1975년과 1990년 사이에 발표된 인세(INSEE) 자료를 이차적으로 해석한 장 - 뤽 리샤(Jean-Luc Richard)는 인구론적 · 사회적 · 정치적 성격으로 나누어 통합의 세 가지 차원을 구별한다.[27] 이민자 후세대의 결혼과 출산율을 나머지 다른 인구들과 비교하면서 인구론적 통합을 측정했다. 이러한 관점에서 통합은 실현되었다. 이민자 후세대들의 출산율은 프랑스 인구의 출산율과 일치하였다. 프랑스 영역 밖에서 이루어지던 결혼은 한 세대에서 다음 세대를 거치면서 줄어들었다. 국제결혼은 증가하였다. 국적법 44조에 근거하여 프랑스인이 된 이민자들의 절반 이상이 프랑스 태생의 배우자를 만나 결혼하였다. 자녀를 둔 35세 이하 알제리 여자들의 30% 이상은 마그레브 출신이 아닌 다른 출신국가의 배우자와 만나 결혼했다. 그러나 혼외 상태에서 아이를 가지거나 동거를 하는 수는 낮게 유지되었다.

장−뤽 리샤는 다른 연구를 통해 이민자 자녀들의 취학률과 학업 결과가 같은 사회 계층의 프랑스 아이들의 경우와 일치한다는 것을 확인했다. 그러나 '사회적'이라고 규정되는 통합은(다른 사람들은 '구조적'이라고 부르는) 문화적 통합을 이끌지 않는다. 실업률은 인구 전체보다 외국인 인구에게서 두 배가량 높게 나타나지만 이 수치는 출신국가에 따라 알제리인 35%, 포르투갈 12%까지 다양하게 분포한다. 부모가 이민자인 프랑스인은 연수의 기회와 비정규직 계약을 힘들게 획득한다. 이는 고학력의 상황에서 더욱 두드러진다. 25세에서 33세 사이 대학교육을 받은 알제리 출신 남자 11%만이 고위직에 있었다. 이는 1990년 46%가 고위직에 있는 프랑스 출신 자녀들과 대조적이

---

27) J.−L. Richard, *Partir ou rester ?*…, *op.cit.* 이 연구는 1975년부터 1990년까지 인세(INSEE)의 인구조사와 연구를 통해 수집된 자료 분석에 근거한다.

다. 그러나 노동시장에 한 번 편입되면 그들은 프랑스 출신들과 견줄 만한 경력을 가진다. 알제리, 모로코 출신 남자들과 알제리 출신 여자들은 장기실업에 더욱 노출되어 있다.

장 - 뤽 리샤는 세 가지 지표들에 근거하여 마침내 정치적 통합을 측정했다. 이는 프랑스 국적 포기율, 선거인 명단 등록과 선거 참여이다. 프랑스 국적을 획득하는 권리를 포기하는 경우는 매우 드물었고, 18세에 이르면 이민자 자녀의 거의 전부가 프랑스인이 된다. 1995년 마그레브 세 국가 출신의 프랑스인들이 선거인 명단에 등록한 수는 55%로 낮았다. 그러나 그들이 등록을 할 때면 다른 국가 출신들만큼 투표를 했다. 남자들보다 좀 더 많은 여자들이 투표에 참여하였는데 선거 참여는 극우파 국가전선(Front national) 후보자를 지지하는 활발한 운동이 일어났던 공동체에서 더욱 높게 나타났다. 선거 참여율은 프랑스인 자녀들이 대통령 선거 때 보여주었던 참여율과 유사하였지만 지역 선거 참여율보다는 낮았다.

그의 결론은 지난 15년 동안 '강력한 문화동화와 낮은 직업획득' 간의 차이에 관한 것이다. "채용에 대한 차별과 선입관은 본질적인 문제 중 하나로 남아 있다. 인구의 공간적 분리가 유지되었고 15년 전부터 특정 주거지역은 차별과 낙인화의 근거가 되었다."[28] 다른 의미에서 이 연구는 이민자 후세대들의 문화적 통합이 특별히 직업적 통합과 함께 구조적 통합의 불일치 속에서 유지된다는 것을 보여준다. 최근의 조사는 이민자 부모를 둔 자녀들의 청년 실업률이 다른 젊은이들보다 두 배 이상이라는 사실을 보여준다. 일반적으로 프랑스 실업률은 전체 인구의 10%이지만, 16세에서 24세의 젊은이들의 경우

<hr>

28) *Ibid.,* p.204.

는 20% 이상이며, 이민자의 자녀들일 때 40% 이상이었다.

정치적 행위에 대한 최근의 조사는 이러한 결과를 새롭게 했다.[29] 연구자들에 따르면 우리는 성공한 정치적 통합을 가졌다고 말할 수 있다. 이민자 후세대들은 민주주의 현 체제에 대한 지지를 표현한다. 그들은 동류 사회 계층들과 현 체제에 대한 입장이 유사한 의견을 가진다. 많은 이민자 후세들이 '민주주의가 제대로 잘 기능한다'(62% 대 56%)고 판단하기조차 하고 하류층도 동류의 사회적 카테고리의 다른 프랑스인들보다 민주주의에 더욱 강력한 애착을 보인다. 많은 이민자 후세대들은 선거인 명단에 등록하고, 반체제적 입장을 채택하지 않는다.[30] 그들은 좌파적 정치성향을 표명하고(76% 대 54%) 대부분이 사회당을 선호하는 경향을 보이는데 이것은 그들 사회집단이 무엇이든 최고 고등교육을 받은 사람들에게 찾아볼 수 있는 현상이다. 그러나 이러한 입장은 이민 기간이 증가할수록 약화된다. 경제적 시스템에 관해 이들은 현 경제체제를 지지한다. 그들은 성공에 매우 집착하고 다른 프랑스인들보다 노동의 가치를 중시한다.

반면, 동성애, 수영장에서 성별 분리, 여자들의 혼전 성관계, 그리고 조금 더 일반적으로, 여자들의 사회적 지위에 대한 입장으로 표명된 의견들은 더욱 확실하게 전통적이다. '보수주의'적 태도는 표본 집

---

29) Sylvain Brouard et Vincent Tiberj, *Français comme les autres ? Enquête sur les citoyens d'origine maghrébine, africaine et turque*, Paris, Presses de Sciences-Po, 2005. 연구 조사는 2005년 4~5월에 진행되었고 18세 이상 아프리카와 터키 출신 프랑스인 이민자 1,003명을 표본 집단으로 삼았다. 부모 중 한 명이나 혹은 조부모 중 한 명이 위 나라들의 국적을 소유한 사람들이었다. 조사 결과는 18세 이상 프랑스 인구 전체 표본 집단 1,006명에 대한 결과와 상반되었다. 18~31세 젊은 이민자 후세대들의 표본 집단은 이민자 출신 표본 집단의 경우 51%를 차지하고, 프랑스 인구 전체 표본 집단의 경우 22%를 차지한다.

30) 셀린 브라코니에(Céline Braconnier)의 도시 외곽지역 조사는 젊은이들의 삼 분의 일이 선거인 명단에 등록하지 않고, 거짓등록까지 한다는 것을 보여준다(그들은 이사를 한 후 선거인 명단을 변경 하지 않았다)(Communication à la journée d'étude du Centre d'analyse stratégique du 25 avril 2006).

단들보다 아프리카와 마그레브 이주민들의 후세대들 사이에서 두 배 더 높다. 이 차이는 본질적으로 젊은층(18~24세)의 의견에 기인한다. 우리는 남녀를 불문하고, 젊은 세대들, 전통으로부터 멀리 떨어진 젊은이들에게서조차 '재이슬람화' 운동을 동반하는 보수주의적 입장이 재등장하는 것을 목격한다. 이민자 후세대들 대다수가 민주주의 사회의 특징인 자유방임 속에 놓여 진다면, 무슬림 '보수주의 핵심집단'은 존재하게 된다. 이들은 성적 관용의 모든 형태에 적대적이고 이슬람의 규범을 강력하게 유지하는 집단이다. 그들은 반유대주의를 강력하게 표방한다. 비교 표본 집단의 결과와는 다르게 나이 많은 사람들보다 18세에서 24세 사이 인터뷰 대상자 대다수가 스스로를 반유대주의자라고 표명하였다. 가장 보수적인 무슬림들 역시 가장 강력한 반유대주의자들이었다. 이와 같은 비관용적인 소수들의 비율은 18세와 24세에서 33%를 차지한다.[31] 더구나 이들이 종교인일수록, 비록 출신국가와의 관계가 세대별로 약화되는 경향이 있을지라도, 그들은 출신국가에 더욱 애착을 느낀다고 말한다. 그러나 같은 신앙을 가진 종교인들, 동향인들, 출신국가가 다른 이민자들과의 관계로 형성되는 정체성이 프랑스인들과의 관계를 단절시키는 것은 아니다. 우리가 알고 있듯이, 만약 이민자들 자녀들이 사회에서 소외되지 않고 단절되지 않으며, 사회적 현상이 그들을 점진적인 통합 형태에서 유지한다면, 이민자 자녀들은 종교, 가치, 유대인들과의 관계에 관한 한 특별한 특징을 가지지 않는다. 그들 대다수의 통합에 대한 일반적인 태도는 비관용적이고 전통적인 이슬람 소수자들의 존재에서 영향을 받는다. 바로 도시 외곽지역에서 가장 두드러지게 나타나는 소외 인구가

31) S. Brouard et V. Tiberj, *Français comm les autres?…*, *op.cit.*, p.108.

많은 논평과 염려를 유발하고 있다.

유럽 국가의 비교

독일, 프랑스, 영국의 통합 과정을 비교한 EFFNATIS 조사는[32] 이러한 분석의 완성도를 높이는 데 기여하였다. 연구조사 책임자들은 이민자 자녀들의 통합을 측정하기 위해 차례대로 구조적 통합, 사회적 통합, 문화적 통합, 정체성 통합으로 특징지어 네 가지 통합을 정의하였다. 구조적 통합은 중고등 학교기관과 대학기관, 그리고 노동시장 진입과 같은 사회적 구조에 이민자 자녀들의 실제적 참여를 가리킨다.[33] 사회적 통합은 그들의 사회적·가족적·친교적 교환을 의미한다. 문화적 통합은 여가, 문화적 실천, 종교적 활동과 그들의 가치체계를 나타낸다. 정체성 통합은 그들이 그들 부모의 출신국가와 정착 사회에 정체성을 드러내는 방식을 가리킨다.

연구조사 결과는 이민자들의 통합 과정이 통합의 다양한 차원에 따라 다르고 세 국가마다 각각 다른 형태를 취한다는 것을 확인시켰다. 어느 국가에서든지 이민자들의 자녀들은 특히 학교 교육을 통해

---

32) 6세 이전에 독일, 프랑스, 영국에서 태어나거나 이주한 18세에서 25세 사이 이민자 자녀들에 대한 조사는 ('effectiveness of National Intergration Stratégies Towards Second Generation Migrants(이민자 2세대의 국가통합 전략의 효과)'(référence: EFFNATIS projet SOE2 – CT07 – 3055)) 유럽위원회 공모로 실시되었다. 이 조사는 프리드리히 헤크먼(Friedrich Heckman), 로저 펜(Roger Penn), 도미니끄 슈나페(Dominique Schnapper)로 구성되어 이루어졌다. 1999년과 2000년 사이, 영국의 파키스탄 출신 이민자 자녀 178명, 구자트라 이민자 자녀 130명, 독일 이민자 자녀 418명, 영국 자녀들, 터키 이민자의 자녀들 287명, 유고슬라브 이민자 자녀들 283명, 독일 자녀들 215명, 프랑스 알제리 이민자 자녀들 218명, 포르투갈 이민자 자녀들 212명, 프랑스 자녀 286명, 총 2,227명을 질문 조사하였다. 출판이 목적이 아니었던 이 연구 조사는 여러 가지 보고서 형태로 위원회에 제출되었고 밤베크 대학(l'université de Bamberg) 사이트에서 찾아볼 수 있다(efms.de).

33) 인터뷰 대상자들의 나이로 인해, 우리는 이 항목을 부차적으로 다룰 수밖에 없다.

서 빠른 문화동화를 경험하였다. 현지 언어는 그들의 모국어가 되고 현지어가 언제나 더 빈번하게 사용되는데 그들 가족 내부에서조차 그러하다. 이민자 자녀들의 학교 교육과 지식(내용)은 제도권 학교 교육을 함께 받는 '토착민의 자녀'들의 것과 동일하다.[34] 문화적 실천과 여가생활은 세계화된 대중문화에 참여하기 때문에 그들의 출신이 무엇이든지 독일, 프랑스, 영국의 모든 세대에게 공통적으로 나타난다. 그런데 이민자 자녀들의 변화와 성장 그리고 토착민 자녀들의 변화와 성장이 일치되는 경향이라고 할 때, 같은 학교 교육과 지식내용 그리고 같은 여가활동의 실천이 같은 신념, 같은 종교적 실천, 같은 정체성의 집단, 같은 정치적 집단을 양산하지 않는다. 강조하건대 우리는 다양한 통합의 과정 속에서 차이를 발견한다. 그것은 언어적 문화동화와 여가의 실천 사이에 존재하고 확인된 가치들 사이에 존재한다. 그것은 구조적 통합과 사회적 통합 사이에 존재하고 정체성의 통합에서도 존재한다. 바로 여기에서 연구조사 된 세 나라의 국가별 상이한 방식이 존재하는 것이다.

문화적 통합과 사회적 통합

이민자 자녀들의 학교 교육은 토착민 자녀들의 학교 교육과 다르지 않다. 예컨대, 1980년대까지 프랑스에서 단기 기술과정 교육에 내몰렸던[35] 이민자 자녀들은 그 이후부터 같은 사회적 수준의 다른 청

---

34) 토착민의 자녀들은 부모들이 이민자들이 아닌 아이들로 정의된다.

35) Jacques marangé et André Lebon, *L'insertion des jeunes d'origines étrangère dans la société française*, Paris, La Documentation française, 1982.

소년들과 함께 같은 학업과정을 수행하고 (이전과 달리) 점점 더 오랫동안 정규 학교 기관에서 교육을 받는다. 그들은 다른 친구들처럼 유치원을 다니고 최근에 이민을 온 부모들조차 매우 어린 아이들을 학교에 맡기는 것을 더 이상 망설이지 않는다. 교육수준이 가장 낮은 부모들도 그들이 이민자이든 아니든 정착사회의 학교 규범을 내면화했다. 이것은 특별히 프랑스의 경우이다. 그러나 독일의 경우 6살 이전에 학교 수업을 받았던 터키 아이들의 수가 독일인 아이들보다 작지만 그럼에도 불구하고 대부분이 유치원을 다녔다. 영국에서는 취학 이전의 교육 제도가 덜 조직화되어 있지만 아이들 대다수는 4살이 될 때부터 학교 교육을 받는다. 따라서 취학기간은 토착민들의 자녀들과 마찬가지로 이민자들의 자녀들에게 지속적으로 늘어나는 경향이다.

취학 이전의 교육 제도와 취학기간의 연장은 비단 지식 획득만을 보장하는 것이 아니라, 문화적 규범의 내면화에 기여하며 현지 언어의 일반화된 구사를 보장한다. 프랑스는 (이민자 자녀들의) 교육수준이 가장 높고 같은 사회적 수준의 이민자 자녀와 토착민 자녀 사이의 학업수준의 차이가 비슷하여 학업 격차가 가장 작게 나타나는 국가이다. 이민자 자녀들의 절반이-남학생들보다 여학생들이 더 많은-1985년 직업 고등학교 자격시험 개시 이후부터 바깔로레아를 통과하였다. 이것은 1990년 MGIS 조사 이후 큰 진전이 있었음을 보여준다. 영국의 경우 대학 진학이 모든 사람에게 쉽지 않지만 그것은 이민자들의 자녀와 영국인들의 자녀 사이에서 균등하게 분포되어 있다. 독일은 그 차이가 두드러지는 유일한 국가이고 이민자 자녀들이 드물게 대학 교육수준에 도달하고 일반적으로 그들의 학업 성취도가 낮은 편이다. 만약 이러한 상황이 점차적으로 개선된다고 할지라도, 이

상황은 매우 불평등한 방식으로 유지된다. 사회학자들은 단기 (교육)과정으로 유도되는 이민자 자녀들의 진학 현상을 차별적이라고 지적한다. 대학에 입학하는 독일의 이민자들 자녀의 수는 아직도 많지 않다.

특히 프랑스에서 이민자 아이들의 학교 진학이 같은 사회적 수준의 토착민 자녀들의 것과 비슷한 경향이라면, 그들 부모와 비교하여 발전된 변화라고 강조해야만 한다. 비록 그들이 가장 가난하거나 교육수준이 가장 떨어지지 않는다 해도, 이민자들이 종종 가난하고 교육수준이 낮은 사람들이라는 것을 우리는 안다. 프랑스의 마그레브인들과 포르투갈인, 독일의 터키인들, 영국의 파키스탄인들과 같은 이민자 부모의 대부분은 초급 교육수준을 벗어나지 못했거나 학교 교육을 받지 않았고 어머니의 교육수준이 아버지의 교육수준보다 낮은 수준을 벗어나지 못했다.

이민자들의 아이들과 토착민의 아이들은 정착 사회의 언어를 구사한다. 더욱이 학교 진학은 언어의 사전 학습을 확고하게 하는 역할을 한다. 이미 문화적 동화가 된 이민자 부모, 형제자매들 그리고 텔레비전을 포함해서, 즉각적인 만남(의사, 상인, 다른 아이들) 등, 모든 관계가 현지어의 사용을 활성화했다. 모든 이민자들의 아이들은 그들 부모들의 출신 언어보다 프랑스어, 독일어, 영어를 더욱 잘 이해한다. 프랑스의 경우, 그들 중 다수는 모국어로 다른 언어 혹은 하나의 언어를 지정하는 데 주저하고 절반 이상이 프랑스어를 최종적으로 선택한다. 영국의 경우, 이민자 아이들 대부분이 영어가 그들의 중심 언어라고 말한다. 독일의 경우, 대부분의 이민자 아이들은 그들 부모의 언어보다 독일어를 더욱 잘 구사한다고 생각한다. 많은 연구는 프랑스에서 부모들의 모국어 사용이 프랑스어에 의해 직접적인 영향을 받는 형태를 취한다는 것을 보여주었고 가정 내에서 아랍어만 사용한다는 것이 드물다는 사실을 보여주었다. EFFNATIS 조사를 실시할 때, 모든 질문 대상자들은 그들이 '잘 혹은 매우 잘' 현지 언어를 구사한다고 생각했다. 반대로 대다수는 그들 부모들의 모국어로 글을 쓰는 데 어려움이 있다고 밝혔는데, 이는 1990년 MGIS 조사 결과와 비교하여 그들이 부모의 언어를 '매우 잘 혹은 잘' 구사한다고 말한 사람들은 삼 분의 이 정도에 불과했다. 우리는 여기서 부모들의 모국어가 그들 출신과 부모와의 감정적 유대를 상징하는 정체성을 드러낸다고 생각할 수 있다. INED 조사에서 자클린 빌리에즈(Jacqueline Billiez)에 의해 질의된 인터뷰 대상자가 "내 언어, 그것은 아랍어이다. 그러나 나는 그것을 말하지 않는다"[36]라고 이미 그것을 확인시켰듯이 이 연구는 고유 언어의 상실을 확인시켰다. 단지 독일에서만 터키어 혹은 유고슬라비아어가 가족 내에서 유지되고 있었다.

독일을 제외하고, 이민자 자녀들의 학업 과정이 같은 사회적 카테고리에 속한 토착민의 자녀들의 것과 비슷하다면, 그들이 문화소비와 여가에 대해 같은 취향을 가지고 있다는 것으로 우리는 이해할 수 있다. 프랑스, 영국, 독일에서 그들의 출신이 무엇이든지 '친구와의 만남'은 모든 젊은이들에게 '선호된' 여가생활이었다. 프랑스와 독일의 인터뷰 대상자들 중 최소한 절반은 그들과 다른 국적을 가진 친구가 있었는데, 터키 혹은 마그레브 부모를 가진 젊은이들의 경우 최소 57%, 포르투갈 출신의 부모들을 가진 젊은이들의 경우 최대 75%로 나타났다. 이것은 프랑스 이민자 자녀의 70%가 모든 국가 출신의 자

---

36) Jacqueline Billiez, «La langue comme marqueur d'identité», *Revue européenne des migrations internationales*, 1985, n° 1-2, pp.95~104.

녀들과 친분적 사교망을 가지고 있고 단지 9%만이 외국인 친구를 가지고 있다는 사실을 보여주었던 인세(INSEE)에 의해 실시된 '*Education* (교육)'의 국가 조사결과를 재확인시켰다.

친분 관계의 국제성은 20년 동안 독일에서 증가하였다. 그러나 이것은 단일한 장소에 결집되는 '공동체'[37]가 외부 사람들과의 친분적 만남을 더욱 드물게 하는 영국의 경우와 다르다. 프랑스와 독일의 경우, 사 분의 일과 절반에 조금 못 미치는 이민자 자녀들이 그들과 같은 국가 출신의 '절친한 친구'를 가지고 있고 영국에서는 대다수가 위의 경우에 해당한다. 프랑스 이네드(INED)의 조사와 영국 머두(Modood)의 산업 분야별 조사 결과에서 그것을 찾아볼 수 있듯이 이민자 자녀 중 소수만이 같은 국가 출신의 사람들을 만날 뿐이다.[38] 우리는 특별히 이것이 영국의 경우라고 생각할 수 있지만 최근까지 출신 집단 내부의 사회성을 간접적으로 북돋웠던 국가, 초등학교 고학년에서부터 진학구분이 시작되는 국가, 출신 문화를 염두에 둔 문화정책이 이루어지는 국가인 독일의 경우에서도 찾아볼 수 있다.[39]

여가생활은 문화소비 취향과 동일한 것이다. 이민자 자녀들과 토착민의 자녀들은 동일한 채널과 TV방송을 꼽았다. 영국의 경우, 단지

---

37) 영국-파키스탄인들은 단어의 법률적 의미에서 공동체의 권리를 가지고 있는 '공동체'를 구성하지 않지만 이슬람 사원을 중심으로 같은 도시 공간에서 사회적으로 결집된다. 그들은 빈번하게 그곳을 왕래하고 그들의 리더들은 개별적 권리를 획득하기 위해 지역 권력이나 국가 권력 속에서 공동체를 대표한다.

38) 예컨대 독일의 경우, 빈민 지역에서 '무리'를 형성하였던 터키 청소년 대부분이 학교 밖에서 그들 동향의 친구들을 만난다. Cf. Heike Hanhörster, «"Eene meene Muh, und raus vis du ?", Lebenswelten türkischer Jugendlicher in benachteiligten Stadtteilen», *Zeitschrift für Migration and soziale Arbeit*, 2001, n° 3-4, pp.50~57.

39) 1990년대 초, 베를린 시(市)에서 청소년들에게 제공히었던 여가활동은 차별적이었다. 토착민의 자녀들에게 제안되었던 활동과 달리 특히 이민자의 딸들에게 제공되었던 여가활동은 주로 가사활동(의복, 컴퓨터…)과 관련된 것이었다. Cf. Thomas Schwarz, *Zuwanderer im Netz des Wohlfahrtsstaates. Türkische Jugendliche und die Berline Kommunalpolitik*, Berlin, Parabolis, 1992.

18%만이 부모들의 출신국가의 채널과 방송을 하나씩 언급했고, 프랑스와 독일의 경우, 4%만이 그러했는데 이는 파라볼을 통해 채널과 방송을 수신할 수 있는 기술적 수단이 제공되었어도 마찬가지였다. 비디오, 영화, 지역 방송 선택 역시 같은 결론이었다. 모든 사람들은 하나의 동일한 미국 영화를 좋아하고, 텔레비전 지역방송을 보고, 라디오를 듣고, 중앙일보를 읽는다. 출신국가의 문화적 생산물－영화, 음악, 미디어－은 특별하게 언급될 뿐이었다. 음식의 취향조차 특별하지 않다. 1970년대와 1980년대에 실시된 조사는 이민자들과 그들 자녀들이 출신국가의 음식에 대한 애착을 보여주었지만 오늘날 이민자의 자녀들은 다른 사람들과 같은 취향을 가지고 있고 그들이 가장 선호하는 음식 중 하나로 피자, 햄버거, 스테이크와 감자, 그리고 스파게티 등 국제화된 음식을 언급하였다. 그들 중 15% 이하가 부모들의 전통적 음식을 언급했다.

특수하고 '예외적'인 젊음의 시기를 형성하지 않고, '이중 문화'에 참여하지 않는 경향의 이민자 자녀들은 토착민의 자녀들을 비롯하여 그들과 같은 구역에 사는 다른 출신국가의 젊은이들과 함께 성장한다. 이민자 자녀들은 그들과 함께 같은 학교를 다니고 같은 교육의 유형을 거치고 같은 졸업장을 받으며 우정의 관계를 형성하고 그들과 함께 교제하고 같은 취향과 같은 여가 활동을 한다. 프랑스와 독일의 경우는 이러하다. 이민자 자녀들은 다른 아이들처럼 토착민들과 같은 영역에 있다. 1990년 초 MGIS 조사는 프랑스의 *사실상(de facto)* 이러한 통합을 이미 밝혔다. 10년이 지나서 EFNATIS의 조사는 이와 같은 결과를 보여주고, 이러한 통합의 특수성이 독일에서 거의 나타나지 않는다는 것을 보여주었다. 영국에서는 이민자 자녀의 소수들이 그들 부모의 출신국가의 문화소비와 여가활동에 특정 선호도를 가지고 있지만, 이민자 자녀들은 토착민들의 자녀들과 유사한 활동을 한다. 한편 그들은 그들의 '공동체' 밖에서 거의 교제와 우정의 관계를 유지하지 않는다. 인터뷰 대상자들의 나이 때문에 위의 조사는 노동세계에 대한 정보를 보여주지 않지만 학교와 관련하여 우리가 문화적 실천과 여가의 의미를 부여한다면 이민자 자녀들의 사회적·문화적 통합과 마찬가지로 구조적 통합도 결론지을 수 있다.

공동체의 생활방식을 유지하고, 동향인과 집중적으로 만나고, 결혼 이외의 사랑하는 관계를 가지지 않고, 서양식 삶의 방식과 관련된 여가들을 덜 실천하는 것이 대다수의 경우에 해당하지만, 정착 국가와 출신국가에 따라 다소 다른 비중으로 중요하게 나타나는 특정 소수들에게도 이는 예외는 아니다. 그런데 이들이 그들 부모들의 정체성을 보호하려고 다소 환상적인 태도로 전향하고, 공격적이고 선동적인 방식으로 다른 이들과 구별된다는 점에서 사회적 공간에서 매우 가시적이다. 이들은 전통적 통합모델이 억압적인 프랑스에서 특별히 예민하게 나타난다. 그 수가 작지 않은, 소수들은 단지 통합모델만을 요구하며 개별주의의 모든 형태를 거부하면서 정착국가에 통합된다. 그러나 대다수는 정착 사회에 참여하여 다양한 문화의 상징적 요소들을 결합하는 개별적 정체성을 요구하며 통합된다.

문화적 통합과 전통적 가치

제도교육의 대중화와 취학기간의 증가, 대중문화 참여를 양산하는 민주주의 역동성이 다른 아이들과 마찬가지로 이민자 자녀들을 지배한다면, 그것이 신념과 가치들에 관련할 때, 민주주의 역동성은 이민자 자녀들의 특수성과 유럽 국가와 다른 국가 간의 차이를 지속시킨다. 문화적 통합은 종교적 실천과 가치체계의 의미에서 동일한 변화를 겪지 않는다.

이러한 관점의 더욱 명확한 구별은 영국과 독일 그리고 프랑스의 대립을 통해 알 수 있다. 영국의 경우 구성원의 행위를 통제하는 파키스탄 공동체의 존재는 이민자들의 아들과 딸들에게 그들의 특별한 행동 모델과 정신적·종교적 특수성에 대한 강력한 인식을 전달한다. 반대로 프랑스와 독일의 경우 이민자 자녀들은 부모의 출신국가의 공동체적·종교적 기관으로부터 느슨하고 무의미한 유대를 경험할 뿐이다. 그들 대부분은 '때때로' 혹은 '명절'에 예배 장소에 참석할 뿐이라고 말한다. 절반 이상이 예배 장소에 '결코' 방문하지 않는다고 말하는데, 이는 토착민 부모가 있는 인터뷰 대상자들의 비율과 비교할 만하다. 20% 이하만이 '규칙적으로' 그곳을 왕래하는데 이는 토착민의 자녀들보다 조금 더 높은 수치이다. 종교 단체 출입도 예외적이다. 이민자 자녀들의 대부분이 종교인들이 모여 있는 공동체 바깥에 거주하고, 이슬람 전통의 이민자 상당수가 금요일 설교나 단체 기도에 참여해 보지 않았거나 거의 참석하지 않았다. 영국에서는 사뭇 다르다. 무슬림 이민자 부모들을 가진 이들의 절반 이상이 예배 장소에 '규칙적으로' 나가고, '결코 가지 않는다'라고 답한 사람들의 수는 소수이다.[40] 예배 참가의 '규칙성'이 거의 토착민 아이들의 수준에 상응하는 유일한 국가이다. 유일하게 이민자 부모들이 거의 언제나 성

---

40) 기존에 발표된 조사결과에 따르면, 16세와 24세 사이, 12%의 백인, 25%의 영국-파키스탄인, 25%의 영국-방글라데시인, 36%의 영국-인도인이 종교적 행사에 참석했다. Cf. *Social Focus on Ethnic Minorities*, Londres, Office for National Statistics, 1996.

실한 종교인의 국가이다. 타리 머두(Tariq Modood)의 조사에 따르면, 프랑스와 독일에서 전개되는 현상과 반대로 무슬림 이민자 자녀들 대부분은 종교적 실천을 실행하고 예배장소에 규칙적으로 나간다. 이 들은 부모들에게 기쁨이 되고 부모들과 충돌하지 않기 위해서 규범에 복종하며 가족들의 사회적 관계를 유지하기 위해서 그들의 부모와 함께 이슬람 사원에 가는 것이 틀림없다. 이와 같은 출입은 개인적 의지로 해석되는 것과 먼, 주로 '사회적 의무'[41)]에 복종하는 것과 관련된다. 무슬림의 '공동체' 개념은 그것이 가장 많은 영국에서 의미를 가진다. 적은 수의 이민자들과 이민자 자녀들이 종교적 집단에 연결되어 있는 독일과 프랑스의 경우와 다른 것이다.

특수한 가치의 유지는 정착 사회에 대한 태도와 연결되어 나타난다. 팔레스타인 출신 영국 이민자들에게 있어 종교적·국가적 정체성의 강도와 출신국가와 유지하는 구체적 유대관계는─영국 체류 이민자와 영국의 학교 교육을 받은 자녀들의 잦은 고국방문, 재정투자, 유대인들의 탈국가적 기업창조, 파키스탄에 머물고 있는 연인과의 정략결혼─ 영국인들의 태도에 의해 강화된다. 개인적 자유와 공동체적 자유에 민감하게 반응하는 민주주의 역사를 가지고 있는 영국인들은 매개적 존재와 사회적 삶의 개별적 집단들을 인정한다. 다양한 민족 집단은 이런 환경 속에서 국가사회에 통합되고 필요한 경우 인종적 특징이 있는 혈통들 간의 유대를 형성할 수 있다. 독일의 터키인들의 경우, 부모들이나 조부모들이 터키를 떠나 와 독일에서 태어나고 학교 교육을 받아 독일인이 된 많은 터키인들이 강력했던 고대 왕국 출

---

41) Tariq Modood, Sharon Beishon et Satnam Virdree, *Changing Ethnic Identities*, Londres, Policy Studies Institute, 1994.

신이라는 국가적 자존심 때문에 그들 스스로 완전한 독일인으로 인식하는 데 주저한다. 속지주의의 원칙에 근거하여 독일에서 학교 교육을 받고 태어난 이민자 자녀들에게 독일 국적을 제공하는 권리를 주는 2000년 새로운 국적법이 이러한 상황을 본질적으로 바꿀지는 확실하지 않다. 독일인들은 게르만성의 지배 개념에 애착을 가지고 있고, 근본적으로 독일 국적을 획득하기 바라는 이민자들의 자녀들은 오히려 실질적 이유에서 이중 국적 취득을 희망한다.

개인 민주주의의 특징인 모든 행위에 허용되는 관용으로 향하는 일반적인 변화는 토착민의 자녀들에게서와 마찬가지로 이민자 자녀들에게도 관찰된다. 이는 동성애, 이혼, 남녀 간의 노동 분배, 미혼 커플들의 동거에 대한 평가로 나타난다. 그런데 이민자들의 자녀들은 어쨌든 영국에서 토착민들의 자녀들보다 종교와 가족에 관련되는 전통적인 가치관 표명에 필연적으로 더 적극적이다. 한편, 종교적 실천은 영국에서 더욱 엄수된다. 인터뷰 대상자들은 거의 만장일치로 할랄(hela) 고기를 소비하는 것이 매우 중요하다고 밝혔고, 연구 조사에 따르면, 실천과 관련된 결과는 이 주장과 일치한다. 반면 프랑스와 독일에서는 음식물에 대한 금기를 엄수하는 것이 때와 상황(가족 내에서 혹은 가족 외부에서, 일상생활에서 혹은 축제에서 등)에 따라 변한다. 영국 이민자 자녀들의 대다수는 술을 마시지 않는다고 말한 반면 다른 두 국가에서는 인터뷰 대상자 대부분이 '때때로' 술을 마신다고 말함으로써 음식과 관련된 금기는 상징적이고 불규칙적인 방법으로 엄수되고 있다. 또한, 영국의 이민자 자녀들은 그들의 전통적 정신규율을 엄수하고, 딸들은 밤늦게 외출하는 것을 허락받을 수 없었고, 낮동안에도 부모와 함께 외출을 할 뿐이다. 이민자들의 딸과 아들은 가족 '위신'의 차원에서 '검소한' 옷차림을 하고 그들의 행동을 엄격하게 통제받는 구속을 인정한다. 아들의 20% 이하가 여가생활을 위해 클럽을 자주 가고(토착민의 아이들의 76%) 10%가 '한잔 마시러 간다'(토착민의 아이들 92%)고 말하였다. 반면 독일과 프랑스 이민자 아이들의 여가생활은 토착민 아이들의 여가생활과 유사하다. 프랑스 마그레방 이민자 아이들 절반 이상이 가족과 함께 크리스마스를 기념하며 보낸다. 무슬림이 아닌 사람과의 결혼과 교제에 대한 금지는 파키스탄 이주민 아이들에게서 강요되지만 프랑스와 독일 두 국가에서는 상대적으로 낮다. 비록 정략결혼의 비율이 떨어지기는 하지만 그것은 대다수 유지된다. 2006년 2월 ICM에서 실시한 설문은 40%의 무슬림이 그들 대다수가 거주하는 지역에서 샤리아 제정을 희망한다는 것을 보여주었고 이는 영국의 인종평등위원회의 의장과 내무부 장관의 반감을 일으켰다.[42] 그런데 영국에서조차 우리는 이민자 아이들의 대다수가 더 이상 그들의 부모와 같은 방식으로 이슬람 종교를 실천하지 않고 재해석하는 노력, 국가적 기준(파키스탄)에 적절한 종교(이슬람)단체를 구별하는 일각의 노력을 목격한다. 프랑스에서 최근 10년 동안 특히 젊은이들 사이에서 증가한 무슬림 표시가 무슬림 이민자 자녀 80%가 거의 종교 활동을 실천하지 않거나 아예 실천하지 않으며, 정략결혼이 생소하다고 받아들이는 이와 같은 일련의 사실을 부정하지 못한다. 독일은 이러한 모델에 접근한다.

이민자 고유의 전통은 확실히 영국, 독일, 프랑스에서 동일하지 않

---

42) *Le Monde*, 21 février 2006, p.6, *Le Figaro*, 2 mars 2006, p.6. 서인도제도 출신의 인종평등위원회 의장은 "특정 소수자들은 우리가 민주주의에 밀착되어 있고, 폭력이나 위협이 아닌 투표용지 속에서 분쟁을 조정하고, 우리가 가치절하 하는 사안에 대해 관용해야 한다는 것을 받아들여야 한다."고 선언했다. 동일한 설문에 따르면, 53%의 무슬림들은 유대인 공동체가 영국인들의 국외 정책에 너무도 많은 영향력을 행사하였다고 생각한다.

고, 종교와 가치의 관계는 이민자들의 출신국가별로 명백하게 특징적
으로 나타난다. 그러나 공동체 규범과 정착 국가의 정책 개념들이 서
로 조율된 결과로 나타난다.

정책 관계와 국가에 대한 동일화

문화적 통합이 이민자와 토착민 자녀들이 동일한 정책 관계와 국
가에 대한 동일화(identification)(역주: 'identification' 의 사전적 의미는 첫째,
다른 어떤 것과 유사하고 동일하다고 여기는 행위(작용), 둘째, 특정 부류에 소
속된 것으로 알려지고 인정되는 행위(작용)이다. 이 글에서는 개인들이 공통되
고 동일한 국가에 소속된다고 느끼는 감정 혹은 인정의 상태로 보고자 한다.)
를 유지한다는 것을 의미하지 않는다. 우리는 국가 간 큰 차이를 발
견하게 되고, 정책과 국가에 대한 관계가 각 세 국가사회 속에서 특
별하다는 것을 발견한다. 이 경우 대립의 의미는 (국가마다) 같은 의
미가 아니다. 영국과 프랑스는 명백히 독일과 대립되는데 왜냐하면
거의 모든 이민자 자녀들이 영국 국적이나 프랑스 국적을 가지고 있
기 때문이다. 이것은 EFFNATIS 조사가 실시되던 당시 독일의 경우는
아니었다. 그러나 이민자 아이들의 정책 관계는 단지 법률적인 차이
들에 관련된 것이 아니다. 국가에 대한 개념과 시민권 획득이 동일화
의 감정에 직접적인 영향력을 가진다. 언뜻 보아 역설적으로 이민자
아이들이 강력하게 동일화가 되는 국가에 살고 있을수록, 더욱 강력
하게 그들 부모의 출신국가에 동일화될 수 있다. 독일의 이민자 아들
과 딸들은 프랑스와 영국의 이민자 자녀들보다 독일인이라고 덜 느
낀다고 표명했다. 영국에서는 이민자 자녀와 토착민의 자녀에게서 부

모의 국가에 대한 동일화가 가장 강하게 두드러지게 나타나며, 정착국가에 대한 동일화가 가장 강력하게 나타난다. 역으로, 부모들의 출신국가와 정착국가에 대해 이민자 자녀들의 동일화 경향이 가장 약한 곳은 독일이다. 이 점에서 이민자 자녀들은 토착민 자녀들과 같은 태도를 공유하는데 나치의 과거 때문에 그들은 확실히 국가에 대한 동일화에 가장 소극적이다. 이러한 관점에서 프랑스는 중간적 입장을 취하지만 프랑스는 독일보다 영국과 더욱 유사하다. 동일화에 대한 유럽 조사는 각 개별 국가에서 나타나는 국가에 대한 태도가 외국인 부모에게서 태어난 청소년들과 토착인 부모들에게서 태어난 청소년들에게서 현격한 차이가 없었다는 사실을 보여주었다.

인터뷰 대상자들에게 동일화의 개념을 즉각적으로 정의하라고 요구하였을 때, 프랑스와 영국의 이민자 자녀들의 대부분은 그들 부모들의 출신국가*와* 그들이 살아가는 국가를 동시에 언급한다. 그들은, 예를 들어 프랑스인이고 알제리인*이고*, 알제리인이고 프랑스인*이고*, 프랑코 포르투갈인이고, 인디안 - 영국인 등이라고 선언하고, 두 가지를 동시에 느낀다고 표명한다. 프랑스 마그레브와 포르투갈 이민자 자녀들의 약 67%와 영국 이민자 자녀들의 약 75%가 이 경우에 해당한다. 반면, 독일의 이민자 딸과 아들의 사 분의 일만이 이 경우에 해당할 뿐이다. 그들 중 약 절반이 단지 그들 부모의 국가에 동일화되었고, 6%와 13% 사이의 이민자 자녀가 독일에 동일화되었고, 나머지 자녀들은 두 국가의 어떤 곳에도 동일화되지 않았지만, 결국 독일 토착민 자녀들이 종종 그렇게 하는 것처럼 오히려 '인간의 조건'에 동일화된다. 단지 프랑스 이민자 자녀들 8%, 영국과 독일 이민자 자녀들 10%가 '단지' 프랑스인, 영국인, 독일인이라고 느낀다고 표명한다.

영국과 프랑스 이민자 자녀들 중 75%, 독일의 55%가 '매우 강하게' 혹은 '강하게' 그들 부모의 출신국가와 연결되었다고 표명한다.

감정적이고 상징적인 이러한 유대는, 독일 터키 이주민들의 자녀들을 제외하고. 그들이 관심을 결코 가지지 않는 그들 부모의 출신국가의 정치보다 현지 지역 정치를 더 잘 아는 데 방해가 되지 않는다. 이것은 인도 반도 출신의 이민자 자녀들의 정치적 참여가 토착민 자녀들의 참여에 근접하는 것을 방해하지 않는다. 영국에서 투표하는 인도 반도 이민자 자녀들은 토착민의 자녀들보다 더욱 많다(70% 이상 인도 반도 이민자 자녀들, 58% 이상 토착민 자녀들). 프랑스 대의 민주주의의 위기는 모든 젊은이들과 관련되어 있지만 토착민 자녀들의 선거인 명단 등록률보다 낮은 이민자 자녀들의 선거인 명단 등록률은 최근에 증가했고 선거 참여율도 증가하였다. 그런데 비록 모든 경우에 정치와 정의에 대한 신의가 낮을지라도(18%와 30% 사이), 정치와 정의를 신임한다고 표명한 이민자 자녀들이 토착민 자녀들보다 더 많다는 확인된 결과를 우리는 브로뒤아(Broduard)와 티베르즈(Tiberj)의 연구조사를 통해 알 수 있다.

다양한 조사를 통해 우리는 지금까지 분석한 조사에 의해 밝혀진 문화적 통합이 이민자 자녀들이 토착민의 자녀들처럼 정착 사회에 참여하기가 여의치 않고, 문화적 통합이 필요한 방식으로 구조적 통합을 이끌지 않는다는 것을 이해하였다. 학교는―학교 본래의 가치와 학교가 포용하는 대상들 때문에― 노동세계와 사회적 교환의 세계보다 새로운 유입자에게 더욱 환대적이다. 레이몽 부동(Raymond Boudon)은 이미 하층민 출신의 학생들에 관련하여 그것을 보여주었다. 사회적 출신에 따른 교육 불평등은 사회적 불평등 자체보다 덜하고, 교육 불평등은 교육의 일반화와 민주화를 위해 시행하는 조치와 함께 줄어들고 있는 반면 사회적 불평등은 정정하기 어렵고 보상받기 힘들다.[43] 불평등의 상황을 세 국가 간 비교한다면, 프랑스가 이민자 자녀들의 문화적 통합과 구조적 통합 사이에 존재하는 차이를 가장 적나라하게 보여주고 있다. 프랑스는 문화적·사회적 통합이 가장 성공적인 곳이자 노동세계와 정치세계 속에서 통합이 가장 어려운 곳이다.[44] 이러한 불일치는 이민자 자녀들 중 일부분에게 불가피하게 좌절감을 안겨주는데 왜냐하면 이들이 정치적으로 문화적으로 프랑스인이라고 느끼고 있기 때문에 불평등이 부당하다고 여긴다. 그들은 가치를 공유하는 민주주의 사회에서 기회 균등을 경험하지 못한다고 생각하고, 사회적 시스템의 희생이 된다고 생각한다. 민주주의 가치를 공유하고 특히 복지와 평등에 대한 기대를 가지기 때문에, 그들은 다른 사람들보다 사회적 수치심을 더욱 느끼고 원망으로 동요되는 위험이 있다. 짧은 기간 동안, 이민자 자녀들의 높은 정치적 실천행위와 참여, 인도 반도 출신인 부모를 가지고 있는 영국인 다수의 사회적 성공으로 알 수 있듯이, '*민족적 소수자(민족적 공동체 혹은 소수민족 공동체라고 불리는)*'들에 대한 사회적 인정에 관한 영국식 모델은 -법률적이지 않은- 효과적이다. EFFNATIS의 조사가 설사, 영국의 사회학자들에 의해 조사된 결과에 근거해, 파키스탄 이민자 자녀들의 성공이 인도연합 출신 이민자 자녀들의 성공보다 전반적으로

---

43) Raymond Boudon, *L'inégalité des chances. La mobilité sociale dans les sociétés industrielles*, Paris, A. Colin, «Collection U», 1973.

44) 이 결과는 록산느 실버만(Roxane Silberman)과 이렌 푸그니에(Irène Fournier)의 연구결과와 일치한다. «Les enfants d'immigrés sur le marché du travail. Les mécanismes d'une discrimination sélective», *Formation/Emploi*, 1999, n° 65, pp.31~55.

낮았다고 할지라도, 파키스탄 이민자 자녀들의 경우라는 것을 보여주
었다. 파키스탄 이민자 자녀들은 파키스탄 이슬람과 관련 있는 사회
적 부류이고, 그들의 가치, 행동, 부모의 전통에 기인하여 특별한 사
회적 관계를 유지한다. 구조화되고 권위적인 공동체의 존재와 공동체
가 강조하는 통제는 확실히 개인들의 자유를 제한한다. 그러나 공동
체의 존재와 통제는 모든 경우, 단기간에, 실망과 원망도 양산한다.

　이민자 자녀들의 통합모델은 각 개별국가가 유지하고 있는 국가사
회 구성의 오랜 역사, 정부기관의 탄생, 정치적 권력과 교회의 관계,
문화 유지방식, 개별적 언어를 통해 이어받은 고유성의 '국가성'으로
유지된다. 이민자 아들과 딸들은 영국 사회를 구성하는 집단의 하나
가 되고 개별적 개체가 되고, 복지국가가 보장하는 재분배에 의해 보
호되어 독일과 프랑스 사회에 참여하고, 사회적 교환―독일보다 프랑
스에서 더욱―에 참여한다. 이러한 모든 경우, 그들은 정착 사회에 문
화적 변용이 되어 그곳에서 완전한 구성원들이 된다. 그들은 명백하
게 통합되었기 때문에 이러한 통합모델은 국가적일 수밖에 없는 것
이다.

　그들이 정착한 국가사회*에* 이민자 후세대들의 통합은, 가난한 이
들이나 범죄자들 혹은 소외자들의 통합과 마찬가지로, 필수불가결하
게 사회*에 대한* 사회적 통합에 대한 질문으로 이어지거나 체계적인
통합으로 이어진다. 이스트반 비보르크(Istvan Bibork)가 이미 그것을
기술하였듯이, "동화를 방해하거나 용이하게 하는 요소들 가운데 […]
동화의 가장 중요하고 결정적이고 가장 용이한 요소는, 어떤 경우에
가장 방해하는 요소, *동화된* 공동체의 내부적 질서와 균형이다. 왜냐

하면 모든 동화의 과정은 공동체에서 일어나고 공동체가 결정하는 조건에서 전개되기 때문이다."[45] 특정 인구들에 대한 모든 통합 과정의 분석은 민주주의 사회의 통합 방식을 모색하는 성찰 속에서 이루어져야 한다. 만약 통합방식이 단지 정착 사회*에* 이민자들의 참여만을 의문시한다면, 연구자들은, 비록 이민자들이 그것에 반대한다고 해도, 이민자와 그들 후세대들이 그 속에서 참여하는 방식을 분석하기 위해 불가피하게 정착사회를 사물화할 가능성이 있다. 연구자들은 마치 프랑스, 영국, 독일사회가 이민자와 후세대들 없이 존재하는 것처럼 프랑스, 영국, 독일사회를 보여주고 이민자와 그들 후세대들을 제시한다. 그런데 통합은 이민자의 자녀가 조직화된 사회에 결정적으로 동화된다는 의문에 관련되지 않고, 우리가 사회적(sociétale)이라고 부를 수 있는 국가 통합 과정에, 결코 달성되지 않은, 변화하고 참여하는 방식에 대한 의문이다. 정착 사회는 구축되고, 안전하고, 결정적인 전체가 아니고 이민자 자녀들은 사회의 바깥에 있지 않다. 그들은 사회 구성원들이고 사회를 창조하는 데 기여한다. 모든 구성원들처럼 그들은 '복지 민주주의'에서 형성되는 사회통합의 역동성에 의해 이끌어진다.[46] 짐멜(Simmel)이 이미 그것을 보여주었던 것처럼 이것은 사회 체계의 통합 대상인 '가난한 자'들에 의해 실행될 수 있었다.

따라서 정착 사회*에 이러한* 특정 인구들의 통합을 의문시하는 것이 중요할 뿐만 아니라 민주주의 사회통합*의 방식*을 의문시하는 것도 중요하다. 이민자와 그들 후세대들에 대한 공론 속에서 표현되는

---

45) Istvan Bibo, *Misère des petits Etats de l'Europe de l'Est*, Paris, L'Harmattan, 1986(1947), p. 322.

46) 이러한 발전에 대한 특징에 대해서는 아래의 책을 참고. Dominique Schnapper, *La démocratie providentielle. Essai sur l'égalité contemporaine*, Paris, Gallimard, «NRF Essais», 2002.

질문을 간단하게 나타내면 '그들을 통합한다. 그렇다. 그런데 어디
에?'이다. 우리는 분열의 위험을 인정하거나 슬퍼하는 데 만족할 수
없고, 민주주의 사회에 대한 붕괴 혹은 해체에 만족할 수 없으며, 반
드시 사회적 통합의 현대적이고 고유한 방식을 분석하는 데 애써야
만 한다.

제3장 국가사회의 통합

　민주주의 사회의 프로젝트는 모든 사회의 구성원들을 자유롭고 평등한 시민들로서 통합하고 그들에게 가능한 한 동등한 삶의 조건을 제공하는 데 있다. 만약 통합의 문제가 이민자들의 후세대 문제와 관련하여 정치적 삶에서 논의된다면, 이것은 사회적 상황으로 인해 소외된 계층의 모든 카테고리가 관련될 때와 마찬가지로 (통합이라는) 동일한 단어로 제시된다. 그런데 빈곤자, 임시직 종사자, 소외자 혹은 범죄자에 대한 설문조사는 통합의 개념에서 거의 다루어지지 않았다. 연구자들은 유럽의 모든 정부에 의해 지지되는 이민자들의 후세대에 관한 통합 정책에 대해 일반적으로 퍼져 있는 비판에 자발적으로 참여하고, 공적 영역에서도 이 '특별한 대상'에게 해당하는 단어를 사용한다. 그런데 소외화 혹은 배제의 형태를 인식하거나 인식할 위험이 있는 모든 대상과 관련하여 동일한 의문은 제기된다. 어떻게 공동체 삶에 그들을 참여시키는가?

　사회학자들은 가족, 학교, 교회, 군대, 기업, 정당, 노조를 '사회화' 제도로 규정하는데 이것은 여전히 인문과학 전문가들에게 제한된 단어이다. 우리는 그것들을 '통합' 제도라고 부를 수도 있을 것이다. 그런데 이러한 ('사회화' 제도라는) 단어의 사용이 의미 없는 것이 아니다. '사회화'는 개인에 대한 강조이고, 규범들을 끊임없이 내재화하고 학습하는 개념을 포함한다. '통합'은 오히려 공동체-사회의-통합을 환기시킨다. 더구나 이 단어의 사용은 개인들이 이미 존재하는 어떤 것에 통합된다는 개념을 내포한다. 사회화의 단어 이상으로 통합의 개념은 사회 체제의 다양한 요소들 사이의 어떤 융합의 필요성을 내포하는 경향이 있다.

우리가 사회화에 대해 말하든 혹은 통합에 대해 말하든 동일한 의문은 제기된다. 어떻게 사회참여 방식이 변화하는가? 언제 민주주의 사회에서 개인들이 제도를 체계적으로 비판하고, 권리에 의해 강요되고 전통에 의해 전승되는 모든 규범들의 합법성에 이의를 제기하며, 개인들 고유의 규범을 창출하는 권리가 주어지는가? '사회적·국가적 통합의 주요 기관들의 비제도화(désinstitutionnalisation)'[1]로 인한 사회통합의 결과는 무엇인가? 더 일반적으로 '제도의 약화'[2]로 인한 사회통합의 결과는 무엇인가?

근대 통합의 철학

정치적 프로젝트가 사회적 연대 전체에 그 의미를 부여한다. 우리는 부의 생산이 중심이 되어 구성되는 민주적이고 생산적인 근대 사회의 고유한 성격을 고려하지 않고 사회적 연대를 분석할 수 없다. 정

---

1) R. Castel, *Les métamorphoses…*, *op.cit.*, p.758.

2) François Dubet, *Le déclin de l'institution*, Paris, Seuil, 2002.

치적 질서는 가치와 시민권의 실천에 의해 합법화된다. 경제적 질서는 물질과 서비스의 생산과 소비에 의해 구성된다. 근대 사회는 시민과 생산자의 이중 가치에 의해 성립된다. 개인의 존엄성과 민주주의적 가치는 시민권의 실천과 ―현재까지 국가적인― 부의 생산에 참여함으로써 성립된다.

시민과 노동자의 존엄성

시민 사회는 스스로 제도화하고, 외부적 합법성의 어떤 요인을 알지 못하고, 신이나 땅의 대표자들로부터 온 권위, 전통적 권위를 인정하지 않으며 오직 그들 구성원들의 유일한 의지에 근거한다. 시민 사회는 시민 전체의 정치적 질서의 합법성을 토대로, 스스로 결정하는 사회를 구성하고, 시민 사회의 모든 외부적 근거를 삭제하면서, 각각의 시민이 주권의 소유자가 된다. 시민 혹은 권력적 시민으로서 각각의 개인은 완벽한 자율성과 완전한 존엄성에서 인식되어야 한다.

시민권은 정치적 합법성을 제공하고 사회적 연대의 원천이 된다. 함께 산다는 것은 같은 교회에 참석한다거나 같은 군주의 전체 대상이 되는 것이 아니라 모두가 시민이 되는 것이다. 개인들의 역사적 근원, 신앙, 종교적 실천이 무엇이든, 사회적 조건의 불평등이 무엇이든, 이것은 모든 개인들에 대한 통합 원칙이다. 민주주의 사회는 개인들의 역사적·종교적·사회적 특수성을 초월하여 시민권의 가치, 제도, 실천에 관계하고 참여하는 모든 구성원들을 통합한다. 민주주의 사회는 원칙상 모든 인간에게 잠재적으로 열려 있고, 민주주의 사회의 사명은 보편성에 있다.

투표의 실행은 모든 개인이 자율성을 인지하는 동일한 합법성과 동일한 권리를 가지는 형식을 상징화하고 구체화한다. 우리에게 당연한 것으로 받아들여지는 '인간과 선거권'은 시민 공동체의 모든 구성원들의 평등한 존엄성을 잘 표현한다. 투표는 투표의 순간을 통해 시민적으로, 법률적으로 다른 모든 사람과 평등하게 되는 수단뿐만이 아니라, 가장 가난한 자들 혹은 가장 부자인 자들, 젊은이들 혹은 노인들, 덜 배운 사람 혹은 많이 배운 사람, 이 모든 이에게, 정치적으로 다른 모든 사람과 평등하게 되는 수단을 제공한다. 투표는 모든 시민들의 평등성을 구체적으로 표현하고, 그것을 표현할 줄 모르는 사람들이나 여러 가지 이유로 다른 수단을 통해 그것을 표현하는 것이 불가능한 사람들의 자유를 보호한다.

대의 민주주의 이론에 근거하여 투표는 모든 시민들의 단순한 수치의 합이 아니고, 일반적인 의지가 표현되는 행위이고 개별적 이해관계의 합이 아닌 공익이다. 투표를 통해 시민은 (정치적 행위를) 위임할 뿐이고 정치적 근대성의 철학에 동조하는 것이다. 투표권을 획득하기 위해서 한 세기 동안 싸웠던 아프리카 - 아메리카인들은 그것의 실제적이고 상징적인 의미를 인지한다. 남아프리카 시민들은 사회의 모든 구성원이 최초로 투표할 수 있었던 인종차별(Apartheid)이 제거된 이후에서야 마침내 대중적인 (투표) 참여를 통해 그들의 존엄성이 인정되었다는 것을 보여주었다. 민주주의 투표는 책임자를 선출하는 기능뿐만이 아니라, 유권자가 지지했던 정책에 대해 믿음이나 불신을 표명할 기회를 유권자에게 제공하는 기능을 하고 사회와 권력 사이의 관계를 조절하는 기능을 한다. 그것은 사회적 연대를 보장하고 공동체의 운명을 만드는 새로운 '신성성'의 상징, 정치 사회 그 자체의 상징이다.

투표는 선거위원에 의해 엄격하게 통제되고 세밀한 선거법에 의해 보장되는 방식으로 나타난다. 프랑스 역사가들은 투표의 구체적 절차를 연구했고, 어떻게 투표행위의 '신성성'이 2세기 이전부터 가속화되어 왔는지를 보여주었다. 종교적 삶과 유사하게 투표 절차는 달리 말해 투표 의식은 2세기 이전부터 시청과 학교와 같은 공화국 최고의 권위 있는 장소에서 실행되었다. 유권자들은 고백성사만큼 성스러운 비밀투표의 본질을 보여주기 위해서 의무적으로 기표소를 거쳐야만 한다. 투표소의 중앙에 위치하는 투표함은 제단과 유사한 것이었다. 이러한 절차를 엄수하면서 투표하는 것은 우리가 국가 정치 공동체에 소속된 것을 보여주는 것이다. 매번 우리가 무엇이 외국인과 내국인을 구별하는가에 관한 의문을 할 때마다, 즉각적으로 떠오르는 것이 피선거권, 공직에 대한 권리, 병역의 의무보다 오히려 선거권이다―바로 이 점에서 외국인에게 선거권을 승인하는 문제에 대한 감정과 논쟁이 유발된다―. 사회적 연대를 확인하는 것 이상으로, 민주주의 선거는, 정치적 공간에서 사실적이고 관찰할 수 있는 모든 사회적 경험과 다르게, 각각의 시민이 다른 이들과 평등하다는 추상적인 정치적 공간에서의 존재를 구체적으로 나타낸다. '인간과 선거권'으로 표현되는 진실을 행위로 나타내면서 선거는 시민권의 형식적 평등성에 대한 생각을 새롭게 정립하고 정치적 질서를 합법화한다.

18세기 철학가들에게 시민권은 생산 활동으로부터 분리될 수 없었고, 자연을 지배하려는 야망을 가진 사회 속에서 노동에 담긴 가치로부터 분리될 수 없었다. 노동은 오랫동안 부정적인 의미를 내포하였다. 그것은 고통받으며 힘든 활동을 수행하고 괴로움과 피곤(출산의 '노동'과 같은)을 가지는 사람들의 상태를 의미했다. 노동에 대한 부정적 의미는 18세기를 통해서 강요되었다. 정치 경제의 등장으로 인해 호모 에코노미쿠스(*Homo oeconomicus*)는 우월한 인간이 되었다. 우리는 인간이 그 자신을 실현하고 노동을 통해, 즉 자연을 지배하기 위한 노력을 통해, 완벽한 인간성을 표현한다고 생각하였다. 백과사전(Encyclopédie)에서 규정하는 노동은 "인간이 그들의 필요에 의해 강요되고 동시에 건강, 물질, 공정, 상식, 가치에 빚을 지고 있는 일상의 일"[3]이다. 건강, 권태, 나태함에 할애한 세 편의 논문은 이러한 노동의 유익한 측면을 강조하였다. 인간 본성에 적절한 활동, 모든 인간들의 본성에 순응된 활동으로 노동은 건강을 위해 필요하고, 권태와 나태의 위험으로부터 인간을 보호한다. 따라서 게으름과 반드시 싸워야 한다. 이러한 주장은 『낙천주의자 캉디드(*Candide*)』에서 이미 기술했던 볼테르(Voltaire)에게서도 찾을 수 있다. "노동은 3가지 큰 죄악, 권태, 악의, 필요로부터 우리를 격리시킨다. […] 따지지 말고 일합시다. 그것만이 인생을 지탱하게 하는 유일한 수단이다." 우리는 '우리의 정원을 가꿉시다'라는 이 책의 결론을 기억하고 있다.

정치 경제의 출현이 노동 문제를 사회에 대해 성찰하는 데 주요 사안으로 여기게 하는 데 기여하였다. 중농주의자들은 "땅은 어떠한 실제적인 가치를 가지고 있지 않고, 노동을 통해서만 땅을 획득할 수 있다. 따라서 인간들은 그들 각각이 영토에서 농작하고 식물을 심고 건물을 세우고 노동의 결실에 대한 완벽한 확실성 속에서 행복하기 위해서 영토를 공유해야 한다." 소유자는 노동에 의해 증명된다. 그래서 미국의 땅은 거기에서 태어난 사람들의 소유가 아니라 그곳을 일

---

3) 이 인용과 이후의 인용은 아니 자꼽(Annie Jacob)에게서 빌려 왔다. *Le travail, reflet des cultures. Du sauvage indolent au travailleur productif, Paris*, PUF, «Economie en liberté», 1994.

깨우고 경작한 사람들의 것이다. 마찬가지로 몽떼스끼(Montesquieu)에게 있어서, "법은 모든 상업을 고무해야 하는데 왜냐하면 모든 종류의 상업은 평등한 사람들의 직업이기 때문이다", "인간은 가난하지 않다. 왜냐하면 인간은 아무것도 가지고 있지 않기 때문이고 인간은 일을 하지 않기 때문이다."

백과사전 속에 기록된 '정치, 경제'의 글에서 루소(Rousseau)는 사회조직과 정치에 노동을 관련시킴으로써 (노동의 문제를) 새로운 단계로 진입시킨다. "사회를 떠나서, 어떤 누구에게도 의무가 없는 고립된 인간은 그가 사회에 만족하는 대로 살아가는 권리를 가진다. 그러나 다른 사람들의 희생이 필수불가결한 사회에서 살아가는 인간은 다른 사람들에게 빚을 지고 있는 값을 노동으로 지불해야 한다. 이것은 예외가 없다. 따라서 노동을 하는 것은 사회적 인간에게서 필수불가결한 의무이다. 부자이든 가난하든, 힘이 있든 약하든, 모든 나태한 시민은 사기꾼이다." 정부의 의무는 "물질을 고려해야만 하고, 공공의 필요에 권한을 마련해 주어야 한다. [⋯] (정부의) 의무는 개인들의 곡창을 채우는 것이 아니고 [⋯] 개인들을 노동으로부터 면제시키는 것이 아니라, 항상 필요하고 결코 무용하지 않는 노동을 얻을 수 있도록 그들의 영향력이 미치는 범위에서 부를 유지해야 하는 것이다." 노동은 유용하고 필수적이다. 정부는 노동이 효율적이게 될 수 있는 조건을 실행해야만 한다. 이것은 결국 독립이며 이는 사회의 가장 기초적인 원칙이 되는 노동이 제공하는 미덕이다. 유일하게 노동만이 소유를 정당화한다. "소유의 의미는 자연스럽게 노동에 의해 획득된 최초의 권리까지 거슬러 올라간다." 독립적인 노동은 자유의 조건이 되기도 한다. "장인은 그들의 노동에 의존할 뿐이다. 장인은 소작농들이 노예인 것만큼 자유롭다. 왜냐하면 소작농은 수확물이 다른 사람들의 소유인 [⋯] 땅에 애착을 갖고 속임수 없이, 근심 없이, 독립적으로 생존을 유지한다. 그것은, 내가 인정하듯, 그들 고유의 땅을 경작하는 손의 노동으로 살아가는 것이다." 노동으로 인해 개인이 자율적이라는 것은 시민으로서 개인이 자유롭다고 할 수 있다. 어떤 사람도 아버지의 일을 상속받아서는 안 된다. 각각의 개인은 그들 자신의 일에 자식이 되어야만 한다. "어떤 아버지도 그의 자식에게 무익한 사람이 되는 권리를 전달할 수 없다. 그럼에도 불구하고, 그가 하는 것은, 당신에 따르면, 노동의 대가와 증거인 그들의 부를 자식에게 전달하는 것이다. 나태함 속에서 그 자신이 벌지 않은 것을 먹는 자들은 부를 도둑질하는 것이다." 노동은 결국 인간들의 연대를 포함하고 있는데 왜냐하면 "일부분의 사람들이 쉬자마자, 일을 하는 사람들의 팔의 힘으로 아무것도 하지 않는 이들의 노동을 대체하기" 때문이다.

근대 사회는 16세기와 18세기 사이에 만들어진 산업화된 인간, 호모 파베(*Homo faber*)*로서* 완전한 인간에 대한 개념을 물려받았다. 오직 자유노동만이 개인들이 진정한 시민이 되는 것을 허락한다. '사회적 계약'의 의미는 이러한 이중적 측면을 내포한다. 정치적 근대성과 함께 태어난 최고의 주권을 행사하는 개인은 자연을 지배하기 위해 일하는 시민인 동시에 인간이다. 근대적 인간에 대한 존엄성은 시민권의 행사와 생산자의 활동에 근거한다.

어떤 연구자들은 오늘날 우리가 통합의 원칙으로 보는 노동의 패러다임이 점진적 고갈상태를 겪고 있다는 가설을 주장한다. 그들은 일의 성격이 변하고 다중적 가치의 요구가 증가함에 따라 직업에 대한 개념을 재고해야 한다고 강조한다. 그들은 일 년 평균 노동 시간이 1831년 3,000시간 이상에서 1989년 약 1,650시간으로 변했다는 잘 알려진 사실과 경제활동기간이 취학 기간의 연장과 은퇴 연령의 연장으로 줄어들었다는 점을 환기시킨다. 가치의 중요성이 점점 더 노동의 가치보다 오히려 여가의 가치에 부여될 것은 틀림없다. 임시직의 증가와 빈곤의 확산은 노동이 가지는 통합의 효과를 제한하는 데 기여할 것이다. 이러한 분석은 노동에 의한 통합 원칙과 한계를 동일한 차원에서 평가하고 있다. 오늘날 노동이 줄어드는 것은 현실이다. 그러나 우리는 노동이 규범이 되고 가치를 가지며 공동체 삶을 구성하는 역할을 멈춘다고 추론할 수는 없다. 이것은 사실에서 규범으로 변화된다. 직업을 박탈당한 이들, 실업자, 생활보호 대상자에 의해 체험된 경험을 분석하는 것은 이를 확인하기 위해서이다. 이러한 모든 사람들은 그들의 표현처럼 '진정한 직업'—'사회적' 직업이나 생활비 보조를 받는 직업이 아닌—을 찾기를 열망할 뿐이며, 버려진 상태로서 부의 생산에 참여하지 않는 자들의 실업을 알려준다. 19세기에 보다 훨씬 더 줄어든 노동시간일지라도 이로 인한 노동의 규범과 통합의 기능에 대한 의문은 제기되지 않는다. 일을 가지지 못한 '합리적 이유'(나이 혹은 건강)가 없는 사람들은 공동체 삶의 교환에서 배제되었다고 느낀다. 일을 통해 불행을 느끼는 고용상태의 사람들은 직업활동에 대해 강한 기대를 가지고 있기 때문에 그들의 기대에 비례하여 불만족을 가진다. 비록 노동시간이 상당히 줄어들었다고 할지라도 노동은 직업을 박탈당한 이들에게 중요한 것만큼 직업을 가진 이들에게도 중요하다. 노동은 물질적 삶을 보장하는 수단이고 시간과 공간을 구성한다. 노동시간은 인생의 여러 다른 순간과 노동하지 않은 시간 속에 의미를 부여한다. (노동의 공간은) 자신의 존엄성이 표현되고 사회적 교환들의 본질이 전개되는 장소이다. 노동은 노동 이상의 것이고, 그래서 실업 혹은 비노동의 모든 형태는 비노동 이상의 것이다.

노동의 형태가 지속적으로 변화되어도 노동은 근대 민주주의에서 삶의 본질적 근간으로 지속될 뿐이고 '대통합자'[4]로 존속된다. 더구나 노동에 대한 비판은 유럽적 특수성이자 동시에 프랑스적 특수성이다. 우리는 그 이외 나머지 세계에서 근대성의 진입이 노동을 통해 이루어졌다는 것을 이해하였다.

직업 활동은 개인들이 다른 사람과 공동체 기관과의 교환을 구성하는 구체적인 연대의 형태 중 하나일 뿐이다. 이 외에 가족적 교환, 사회적 관계, 시민 사회와 정치 사회의 다양한 절차를 통해 이루어지는 연대가 존재한다. 그러나 생산관계에 대한 우선은 가족적 유대와 사회적 교환 전체가 노동 시장과 사회보장제도와 관련하여 개인의 지위와 밀접하게 관련된 결과를 초래한다. 개인들은 종신고용으로 인해 상류 신분으로 진입할 기회를 가지고 물질적 혹은 상징적 교환이 다원화된 사회적 부류인 가족집단의 구성원이 될 기회를 가장 많이 가진다. 한편, 실업자들은 그들 자신의 가족 내부에서도 무시된다는 느낌을 가지고, 어떤 이들은 부부와 헤어진다. 친구와도 멀어진다. 그들은 선거 참여에 비규칙적이며, 그들 중 정치 활동과 노조 활동을 실행하는 이들은 그들이 일을 가지게 되었을 때 이와 같은 활동에 덜 참여하게 된다. 다양한 사회적 연대는−가족적·사회적·제도적− 서로 독립적이지 않은데 왜냐하면 고용의 관계가 개인의 사회적 지위를 정의하는 데 가장 중요하기 때문이다. 개인의 지위는 생산 체제 속에서 개인의 위치와 밀접하게 관련되어 있으며 사회보장제도과 밀

---

4) Yves Barel, «Le grand intégrateur», Connexions, n° 56, 1990, pp.85~100.

접하게 연결되어 있다. 만약 '30년 영광'과 '비노동'에 대한 규범을 구성하였던 정부가 기간제 고용에 개입하고 중간 매개체로서 행정적 카테고리를 확장한다면(임시직, 수습직원, 자유계약자, 특별직 종사자) 이는 열악하고 한시적인 조건 속에서 어느 정도 정규직의 결핍을 보상하기 위한 것이다. 일 없는 인간은 질 없는 인간이다.

보장에 의한 연대

각 개인이 시민이 될 때, 개인은 정치적 권리를 구체적으로 실행하기 위해 먹을 수 있는 수단(생존권), 집을 마련하는 권리(주거권), 그리고 자녀를 양육하는 권리(양육권)를 가진다. 만약 이와 같은 시민적 평등과 정치적 평등이 구체적 삶의 현실을 통해 너무도 명백하게 반박된다면, 시민들이 선언한 시민적 평등과 정치적 평등이 의미를 가지겠는가?

모든 시민들이 선언한 시민적·법률적·정치적 평등과 경제적·사회적 불평등 사이의 긴장은 프랑스 대혁명을 계기로 즉각적으로 인식되었다. 이것이 국민의회(Convention) 최초로 비중 있는 방식으로 다루어진 논쟁 중 하나가 되었다. 예컨대 라보 생떼띠엔느(Rabaut Saint-Etienne)는 1793년 1월에 토크빌(Tocqueville)의 영향을 받은 명확한 단어들로 이러한 긴장관계를 표현하였다. "어떤 것도 평등의 추구와 민주주의를 작동하기 위한 열정보다—폭력조차— 민주주의를 특징짓는 것은 없다. […] 확립된 정치적 평등, 가난한 이들은 그것이 부의 불평등 때문에 약화되는 것을 즉각적으로 느끼고, 평등으로서, 정치적 평등은 독립되어 있지만, 그들의 필요 때문에 종속되는 사람들에 대해 가난한 이들은 분개하고 기분 상해한다. 그들은 부의 평등을 요구한다." 따라서 우리는 "사회는 구성원들에게 노동을 제공하거나 노동의 바깥에 있는 사람들에게 존재의 수단을 보장하면서 사회 모든 구성원들의 물질을 공급하는 것이 의무이다"라고 선언하였다. 노동권이나 사회 복지권은 종교적 영향이 있는 개인적이고 사적인 자비의 관념을 대체한다. 공식적인—시민적·법률적·정치적— 자유에 대한 비판은 '실제적' 자유의 이름으로 가톨릭 사회주의 사상가, 마르크스주의자, 사회주의자 운동에 의해 마침내 지지되었다.

바로 이러한 비판의 타당한 부분에 대한 현대적 수용이 복지국가 정책을 채택하도록 한 것이다. 근대적 개념에서 정치적 권리의 평등은 민주주의 개인들이 경제적 조건의 평등을 주장하도록 자극한다. 정치적 권리의 평등은 —정책의(*policies*) 의미에서— 삶의 조건들을 평등하게 하는 목적을 띤 정책을 선택하도록 한다. 시민의 사회적, 경제적 조건을 개선하려는 정책은 시민권 실행의 결과이자 동시에 조건이 된다. 모든 민주주의 개인들은 특정 경제적 조건 이하에서 시민권이 형식적이게 된다는 것을 인정하는데 왜냐하면 시민에 대한 존엄성이 엄수되지 않기 때문이다. 불가항력적으로 '공화국'은 형식적일 수 없는 실제적 평등을 주장하게 된다.

따라서 우리가 일반적으로 규정하는 사회 민주주의 프로젝트가, 세계 2차 대전 말 사람들의 재난을 보상하고 형식적인 자유에 대한 맑스주의적 비판에 응답하고 소련연합이 지탱했던 모델과 사회 구성 모델이 대립하는 서양 국가들의 정치적 필요성에 영향을 받은 것만이 아니다. 1789년 혁명가들은 복지국가에 대한 대안을 명확하게 고안하지 않았지만, 복지국가는 시간의 흐름에 따라 격차가 벌어져 생기는 시민 평등과 새로운 최고통치권에 대한 선언의 결과이다. 사회적·경제적 조건이 평등하게 되는 실천을 유발하지 않고서는 정치적·법률적 평등이 사회적 연대의 원칙이 될 수 없었다. 이런 의미에서 세금징수의 분배와 사회개입 정책으로 이루어지는 자유 민주주의 정책들은 근대 민주주의 개념에서도 나타난다. 시민의 권리가 단지 형식적이지 않기 위해서 시민들은 그들의 권리를 구체적으로 실행하기 위해 필요한 수단을 가져야만 한다. 물질적 생존은 오늘날 불우한 시민에게 민주주의 사회가 합법성에 근거하는 원칙에 따라 보장하는 권리가 된다. 복지사회는 자유주의 정부와 대립되지 않는다. 복지사회는 자유주의 정부를 강화하고 민주주의 합법성에 관한 원칙적 관계를 발전시킨다. 가장 명백한 불평등을 정정하고, 시민권의 추상적인 개념에 구체적 내용을 제공하는 역할을 하는 복지 국가는 이러한 목적을 가진다. 정책 분야는 사회 정책의 합법성을 원칙으로 하며 직업 활동으로 인생의 목표를 실현하기 불가능한 사람들과 공동체 삶에서 배제될 가능성이 있는 사람들을 보상하는 조치를 통해 통합 방책을 마련하는 것을 원칙으로 삼는다. 시민의 주권과 만인 평등의 가치 속에서 복지국가는 가장 가난한 사람들의 생존을 보장하고 재정지원의 분배가 균형적이라고 평가되는 방식의 조치를 취한다. 고용시장으로부터 해직과 가족적·사회적 연대 약화의 사회적 결과를 최저 수입정책으로 완화하면서, 모든 유럽 국가의 국가정부는 민주주의 야망의 논리를 따른다. 국가정부는 모든 개인을 공동체 삶에 통합시키려고 노력한다.

시민권은 '경제적·사회적 시민권'에 제한되지 않지만 경제적·사회적 시민권은 진정한 민주주의 실행의 조건이 된다. 미국이 국가를 성립할 때부터, 정치적·시민적·경제적 자유의 관념과 관계했던 자유주의 개념은 현재 경제적·사회적 삶에 개입하고 가장 명백한 불평등을 바로잡을 목적으로 원칙과 공공의 정책을 확립한다. 모든 서유럽에서는 25년 전부터 사회복지권리가 점차적으로 새로운 카테고리로 확산되었고, 과거의 직업이나 미래의 직업, 모든 간접적인 고용 형태, 모든 육체적 혹은 사회적 장애와 상관없이, 가장 가난한 사람들에게 부여하는 최저수입을 제정하였다. 사회개입 정책은 법적 평등, 정치적 자유, 존엄성을 보장할 물질적 삶의 조건 이외에 모든 시민에게 제공할 수 있는 합법적인 야망을 중시한다. 복지국가는 수십 년 동안 시민들의 법률적·정치적 평등에 근거하여, 정치적 합법성의 원천으로, 정치적 질서의 모순을 해결하는 수단으로 등장했고, 아마도 불가피하게 발생하는 경제적·사회적 질서의 불평등을 해결하는 수단으로 출현했다. 달리 말해 시민 평등과 경제적·사회적 삶의 불평등 사이의 긴장을 조절하는 수단으로 여겨졌다.

그래서 복지사회는 언제나 더 포괄적인 시민권 국가의 조건이 되고 동시에 결과가 된다. 우리가 1945년에서 1975년까지 '30년 영광'의 기적이라고 평가할 수 있는 기간 동안, 사회적 통합은 경제적 발전, 봉급생활의 확산에 따른 직업 활동, 집단 전체의 부(富), 노동자 계급의 부르주아화에 의해 보장되었다. 해마다 개인들은 물질적 재산을 증식하였다—그러나 우리가 그것을 현재와 비교할 때 객관적으로 미약한 수준이었다—. 개인 각각은 그들의 아이들이 사회에서 안정된 위치가 되었다고 믿었다. 여하간 그들보다 더욱더 나은 위치가 되었다고 믿게 되었다. 이민자들은 그들에게 노동의 조건과 매우 어려운 삶의 조건을 받아들이게 하였던 안정된 위치에 대한 확신을 공유하게 되었다. 복지국가 정책이 보장하는 사회적 양도로 인해, 노동시장에서 임시직이나 혹은 종신직으로 일자리를 더 이상 가지지 못했던 이들이나 일자리를 전혀 가지지 못했던 이들은 보상적 재정지원을 보장받게 되었다. 연령(아이들, 은퇴자들)적으로 열세인 카테고리를 대상으로 부의 재분배 실행과 건강상태(병, 산업재해), 그리고 시장조건(실업)의 고려는 산업혁명으로 인해 소외된 노동자 계급을 비롯해 모든 개인들을 재분배의 단일한 체제에 통합하려는 데 목적이 있었고 또한 그러한 결과를 가져왔다. 재분배의 메커니즘은 통합의 수단이 되었다. 부의 재분배에 따른 불평등은 모든 관심을 집중시켰다. 사회학과 근대사회의 탄생 때부터 제기되었던 사회적 결합에 대한 의문은 복지국가의 성공으로 인해 여담으로 놓여진 듯하였다.

제도 비판

　이슬람 전통 출신의 많은 이민자들을 비롯하여 외국인 출신 이민자의 영구 정착, 경제위기 발생, 복지국가의 부족 현상 등은 최근 모든 사회 현안을 나타내고 있다. 국가가 발전하는 시기동안 체결한 사회적 계약－부의 축적, 완전한 고용, 봉급자의 확산, 비생산 인력에게 제공한 보상제도－은 의문시되는 것 같다. 복지국가의 토대마저 비판된다. 우리는 부의 재분배가 중산층을 대상으로만 이루어졌다고 비판하고 다른 계층을 배제한 수단이 되었다고 비판한다. 우리는 사회적 연대를 보장할 수 있는 생산적이고 개인주의적인 사회의 가능성에 다시금 질문하는 반면 민주주의에 대한 열망의 확산은 시민들로 하여금 모든 제도와 권위를 비판하게 한다.

시민주의의 약화와 노동 분쟁

1980년대 말경 출판된 책5)에서 우리는 어떻게 '공화국'이라고 불리는 제도가 공화주의 이전의 제도를－학교, 교회, 군대, 노조, 정당, 정부－ 직접적으로 계승하였고, 19세기 중반과 20세기 사이 외국에서 온 이민자들과 그들의 자녀들을 비롯하여 지리적 출신과 사회적 계층이 다양한 인구들이 어떻게 국가 인구로 구성되었는지를 분석하였다. 1980년대 실시한 조사는 근본적으로 이러한 제도들이 계승되어 왔다는 것을 보여주었다. 특히 학교와 같은 주요 국가 제도가 비록 그들의 위엄과 효율성을 잃어버렸다고 해도, 모든 출신의 자녀들을 시민으로 변모시켜 왔다. 그로부터 15년 이후 이민자 자녀들의 통합은 전체 인구의 통합문제로 좀 더 심각하게 나타났다. 이슬람 세계와 민주주의 세계의 대립적 상황의 약화, 사회적 동요의 완화, 경제적 위기와 관련된 구조적 통합의 어려움이 호전된 것은, 비록 이러한 모든 요소들이 통합모델의 발전에 기여한다고 할지라도, 새로운 상황을 설명하는 데 충분하지 않다. 민주주의 요구의 확산과 함께 변형되었던 것은 사회적 연대이다.

제도에 대한 근본적인 비판은 공동체 경영의 장소가 되는 모든 정치기관, 특히 대의제도를 구성하는 정치기관에 우선적으로 향하였다. 프랑스 정부와 주요 정부 기관들은 국가 건설 수단이 되었기에 더욱 비판을 받는다. 베르나르 게네(Bernard Guénée)의 널리 알려진 설명에

---

5) D. Schnapper, *La France de l'intégration…*, *op.cit.*

의하면, 정부가 국가를 건설하였다. 수 세기 동안 왕의 의지가 정부의
활동을 통해 통일된 정치적 공간을 만들고 그것을 고려한 정치적 공
간을 구성하였다. 오늘날 학교, 군대, 법원과 같은 국가 통합의 주요
제도들은 새로운 논쟁에 놓이게 되었다. 학교와 법원에서조차 권위가
권위로써 엄수되지 않고 획득되어야 하는 것이 되었다. 정부의 활동
은 공동체 삶 속 가장 일상적인 분야로 점점 확장되고 정부는 사적
행위자—단체—와 지역 공동체에 행동 수단을 기꺼이 위임한다. 정부
의 통제권은 약화된다. 오늘날 너무나 많은 분야에 개입하는 중앙 정
부는 그 이름에 걸맞게 처신하는 행위자에 대한 규제를 제대로 마련
하지 못한다.

학교는 국가제도의 문제를 더 잘 설명한다. 프랑스 전통에서 학교
는 언제나 시민의 학교였다. 교육 내용을 넘어서, 공화국 국민에게 학
교는, 학생들의 혈통적 특징과 사회적 특징들과 독립적으로, 그들이
시민으로서 평등한 방식으로 대접받아야만 하는 가상적 공간이었다.
추상적이고 구체적인 의미에서 학교는 사회적 삶의 현실적 불평등에
대항하고 시민사회 운동에 참여하기 위해 만들어졌던 장소였다. 학교
질서는 시민권의 질서와 마찬가지로 비개성적이고 형식적이다. 학교
사회의 추상화는 정치적 사회에 대한 추상화를 파악하고 이해하는
능력을 갖춘 아이들을 양성하는 데 기여한다. 이러한 개념은 오늘날
개인 각각이 모든 권위를 비판하는 권리를 가지고, '동일화'와 '진정
성'이 완전하게 인정되는 것을 주장하는 개인주의 사회와 상당한 차
이가 있어 보인다. 학교는 학교가 위치한 곳의 사회적 부류와 학교가
기능할 수 있도록 재정지원을 하는 사회적 부류와 상관없지 않다. 따
라서 도시의 게또(ghetto)는 학업실패와 사회적으로 소외된 특정 인구

들인 이민자 후세대들이 집결되는 장소—모든 이민자 후세대들의 경
우라는 것을 의미하지 않는다—, 특히 나이 어린 청소년들의 반항과
무례한 언행, 종교적 신념에 대한 표출이 강력하게 나타나는 장소가
된다. 학교는 시민사회의 영향에서 전적으로 벗어나는 수단을 가지고
있지 않으며, 규칙을 근본적으로 거부하는 폭력적 사회 부류에 대한
규율을 강요하는 수단도 가지고 있지 않다. 만약 공통된 규범이 모든
수준에서 제기된다면, 어떻게 교사들은 그들의 존엄성을 강요할 수
있을까?

모든 권위에 대한 논쟁은 권리로 통제되어 선거로 탄생된 정부의
합법성조차 약화시킨다. '은총(état de grâce)'이라는 표현은 새롭게 선
출된 정부가 온전히 합법적이라고 인지되는 기간을 지칭하고, 새 정
부가 보편적인 이해를 근거로 즉각적인 다수의 공론에 반응하여 행
위 할 수 있는 기간이다. 이 기간은 6개월로 짧다. 2002년, 그해 대통
령 선거가 '특별하였던' 것만큼, 자끄 시락(Jacques Chirac)이 행사할 수
있었던 영향력은 부차적으로 여겨졌다. 결과적으로 시위—빈도, 확
신, 전개, 속도—를 측정할 수 있는 공론, 설문조사, 전문 기자들의 논
평—공론을 창조하는 데 기여하는—이 사실상 정부와 함께 정치적
합법성을 가지게 된 것이다. 1968년 2월과 5월 사이에는 영상원
(Cinémathèque) 지도부 앙리 랑글루아(Henri Langlois)의 해고를 반대하
는 집회가 반복적으로 있었다. 1984년 6월 사립학교 보호대책 시위는
공립학교 프로젝트를 거부하였던 피에르 모루와(Pierre Mauroy) 정부
를 후퇴시켰고 그 결과 공화국 대통령이 국무총리직을 겸임하였다.
1986년 12월 대학생들과 고등학생들의 시위는 1988년 대통령 선거에
서 자끄 시락의 낙선을 가져왔다. 공공의 요구에 관해 언제나 관대한

국가라는 긍정적 의미를 가지는 것 이상으로, 즉각적이고 명백히 자발적인 이와 같은 행위-이것은 전문적으로 조직되고 의식화되어 권위 기관과 협상하는 단계에 이른다-는 민주주의 인간에 대한 호감을 유발한다. 이러한 행위의 형식은 선거 절차의 엄격성과 형식주의를 반대하는 시대 분위기를 반영한 형태이다. 민주주의는 형식을 좋아하지 않고 즉시성(hic et nunc)의 문명, 즉 형식에 대립되는 현실의 문명이다.

민주주의 개념과-유권자와 당선자 사이의 근접성과 유사성을 전제로 하는-대의제 개념 간의 긴장이 근대 민주주의를 구성한다. 이러한 긴장은 18세기 말 수많은 논쟁을 통해 명백하게 드러났다. 당선자들이 유권자들의 (모범적) 이미지가 되어야만 하는가? 당선자들이 더 도덕적이고 더 부유하고 더 재능이 있어야 하는가? 만약 선출된 대표자들이 그들의 유권자들과 유사하지 않다면 선거는 불가피하게 귀족적인 분야를 포함하지 않겠는가?6) 이 시대의 논쟁은 대의제 공화국에 대한 개념과 이상(理想) 그리고 탁월한 수단으로서 선거를 채택하게 되면서 종결되었다. 매디슨(Madison)에 의해 채택된 대의제는 유권자들을 지배하는 부분적이고 일시적인 이해를 떠나 애국심과 정의를 추구하는 국가에 대한 진정한 이해를 도울 수 있는 현명한 사람들을 선택할 수 있게 하였다. 정기적 기간을 통해 이루어지는 선거, 유권자에 관한 당선자들의 독립, 의견을 표현하는 피통치자들의 자유, 공적 결정에 대한 순응은 선거의 귀족적인 특징을 상쇄하였다. 이러한 초기 공화국적 개념은 오늘날 약화되었는데 왜냐하면 어떠한 제도도 근본적인 비판 능력을 앞서지 않기 때문이다. 각 개인들은 대

---

6) Bernard Manin, *Principes du gouvernement représentatif*, Paris, Calmann-Lévy, 1995.

표자의 매개 없이 그 스스로가 직접적으로 표현하는 데 자질이 있다고 전적으로 생각한다. 민주주의자들은 중재를 좋아하지 않는다. 모든 구별이나-예컨대 유권자와 당선자 사이- 위계 체계는 차별적이라고 인식되는 경향이 있다. 1968년 예수회 수도사들조차 종교질서의 권위를 비판했다. 오늘날 민주주의 논리와 증가하는 개인주의 가치의 내면화가 시민들 사이에서 진행될수록 우리는 2세기 이전에 대의 민주주의 공화국이 탄생될 때 동반되었던 논쟁을 재발견한다.

좌파정당 내부에서조차 선거의 합법성은 약화된다. 유럽 헌법조약 프로젝트에 사회당의 내부 선거 결과 59%(80% 참여 중)가 '예'라고 긍정적으로 표명하고, 전체 선거에서 정당의 '소수들'은 '아니오'라고 표명하였다. 전통 골리스트(Gaulliste)들은 우익 후보가 정당 조직원들의 선거를 통해 당선되는 것을 반대하려는 목적으로 골리즘(Gaullisme)의 전통과 영향을 환기시켰다. 민주주의의 개인은 개인의 존엄성이 최종적으로 획득되었다고 생각한다. 선거권은 투표를 행사하는 것보다 더 본질적이라고 여겨진다. 외국인들의 선거권 주장은 그들 자녀들이 획득한 선거권의 불규칙적인 실천을 자주 동반한다. 가장 부유하고 가장 연로하고 가장 교육수준이 높은 사람들은 다양한 투표에 규칙적으로 참여하고, 나머지 다른 경우의 사람들은 상황에 따라 투표한다. 납세유권자 선거는 사실 속에서 이루어지고 투표는 가장 가난한 사람에게, 가장 젊은 사람들에게, 가장 교육수준이 낮은 사람에게 그들이 다른 사람들과 시민적·법률적·정치적으로 동등해지는 수단을 제공한다.

프랑스의 경우, 대의제도에 대한 신뢰의 약화는, 공적 영역에 관해 민주주의 시민들의 주저가 나타나는 현상으로, 힘없는 노조와 당원들의 (낮은) 참여로 야기된다. 이러한 경우 특히 정당이 정치적 삶을 뒤늦게, 불완전하게 구성하였던 국가와 그들의 활동이 주로 선거 준비에 국한된 국가에서 명백하게 나타난다. 두 정당('사회당(Parti socialiste)'과 '대중운동연합(Union pour un mouvement populaire)')은 대중적인 정당이 아니며 정당원의 수를 확장시키기 위한 최근의 노력 덕분으로 각 당은 200,000명 이상의 가입자를 확보했다. 가입자 수가 매우 저조한 다른 정당은 가입자 수로 인해 정치적 논쟁에서 불균형적인 위치를 가지게 된다. 오늘날 선거에서 열세를 나타내고 있지만 프랑스와 이탈리아 정치 무대에 오랫동안 등장했던 공산당은 극좌파와 좌파의 논쟁과 협상에서 적극적인 역할을 담당하고 있다. 2004년 봄 '유로바로메트르(Eurobarometre)' 설문에 의하면, 프랑스인들의 13%는 '비교적' 정당을 신임한다고 밝혔고 79%는 '비교적 아니다'라고 하였다. 정당 활동가들은 인구 평균보다 연령이 높고 학력이 높은 남성을 투표하는 유권자 경향을 보이고 있었다. '체제 밖' 후보자들이(Lutte ouvrière('노동자 투쟁'), Ligue communiste révolutionnaire(혁명 공산주의전선), Parti des travailleurs(노동자 정당), CPNT(Chasse-Pêche-Nature-Traditions, '원시적 전통 정당'), Front national(국민전선), MNR(Mouvement national républicain, '공화주의 민족운동')) 획득한 득표율은 1981년 1차 대통령 선거 투표 시 2%, 1988년 17%, 1995와 2002년 34%였다.

노조의 종류, 규모, 논쟁의 특징을 살펴볼 때, 프랑스 노조는 북유럽 국가에서처럼 서비스 역할을 담당하지 않고, 독일에서처럼 사측과 노동환경에 대해 협상자의 역할도 하지 않고, 영국 노조들이 노동당의 내부에서 정치 역할을 수행하듯 정치가의 역할도 하지 않는다. 최근 몇 년 동안 새로운 노조주의를 지향하는 카테고리의 등장과 함께

(FSU, SUD-PTT, Confédération paysanne) 노조의 수는 꾸준히 증가했다. 그러나 가입자들의 수는 보잘것없다. 임금자의 8%가 노조에 가입되어 있으나 만약 사기업 영역을 (독립적으로) 고려한다면 5% 이하에 머문다. 노조의 재정지원은 구성원의 분담금으로 이루어지는 것이 아니라, 정부와 기업의 직접·간접 보조금으로 이루어진다. 규모가 큰 노조는 카테고리가 주장하는 요구로 인해 발생하는 동요를 제대로 통제하지 못하고, 세계화에 반대하는 아딱(ATTAC) 운동의 새로운 주제를 어떻게 결합시킬지 알지 못한다. 단체 협약의 적용범위에 포함된 임금 노동자 4분의 1만이 단체 협상에 적용될 뿐이고, 50명 이상의 임금 노동자를 가진 기관 중 절반만이 단체 협상을 실행하고 있다.

설문조사에 따르면, 1994년 62%와 달리 2003년 44%의 프랑스인들이 정치에 관심을 표명하였다. 많은 연구자들은 시민들이 대의제도를 비판하고 그것에 참여하는 것을 거부한다면, 이것은 단체 가입이 대중적으로 이루어져서 나타나는 새로운 정치활동의 형태로 상쇄될 것이라는 주장을 펼친다. 프랑스인 45%가 단체 구성원이다. 수많은 단체가 생기고, 이미 생겼고, '없는' 사람들(불법체류자들, 여자, 도시 외곽의 젊은이들, 성 소수자들)을 위한 보호는 대의 민주주의의 형태보다 더 적극적이고 더 진정한 참여 민주주의의 최고 형태를 유도할 것이다. 연구 조사는 단체 생활의 발현을 보여준다. 시민 단체에 가입한 사람들은 주로 전통적인 정치적 삶에 참여하는 사람들과 일치한다. 주요 국가 단체 중, SOS 인종차별주의(SOS-Racisme), 프랑스 플뤼스(France-Plus)와 같은 특정 단체들은 정치가들로 구성되었다. 많은 지역단체는 지방 세력의 보조비를 획득하기 위해 생성되었으나 현실적인 활동은 매우 제한되었다. 단체 활동 가담은 대부분의 경우 일시적이다. 지역문제를 다루는 구역 위원회는 논의되는 결정에 직접적으로 관련되는 주민, 단체 대표자, 시민들을 결집시키지만 일반 주민을 결집시키지는 못한다. 시민 단체는 휴머니즘적 단체를 제외하고 동일한 활동을 실행하지 않는다. 그것은 새로운 인구가 공적 삶에 참여하도록 자극하지 않는다. 특정 사안에 대해 시민 단체의 효율성이 무엇이든지, 시민 단체가 특정인들에게 특정 집단에 호의적으로 행위하도록 하는 경우이든지, 단체 생활은, 정당이나 노동법에 근거하여 조직된 노조와 대표단체가 할 수 있듯이, 시민 통합을 유발하지 않는다.

인터넷 발달이, 오늘날 여전히 의심스러운, '참여 민주주의'의 새로운 단계로 진입시킬 수 있을까? 기술적 진보는 의식 있고 체계적인 사고를 지닌 시민들에게 제기된 문제와 채택된 결정의 의미를 이해할 수 있도록 모든 자료를 제공한다. 그러나 현실에서 얼마나 이와 같은 가능성을 활용할 수 있는가? 온라인상에서 논쟁 포럼을 제공하는 블로그는 프랑스에서 10초마다 생성되고 있다. 마르세이유(Marseille)의 한 교사는 2005년 유럽의 헌법 조항에 반대하는 선거를 성공적으로 이끌기 위해서 인터넷 사이트를 개설하였다. 그러나 우리는 기술이 시민으로서 행위 하는 인간들의 의지를 대체하는 것을 의심할 수 있다. 2005년 4월 14일 헌법 조항 관련 투표가 있었을 때, TF1에서 방영되었던 공화국 대통령과 '젊은이들'의 실패된 대화가 보여주었던 것처럼, 일반적으로 유권자들은 그들의 개인적 문제에만 몰두하는 경향이 있고, 국내·국제 정치의 일반적 문제에 대해서는 관심을 두지 않는다. 유럽 프로젝트와 관련된 민주주의 가치에 대한 담화에서―가장 전통적인 정치적 화법으로― '젊은이들'은 그들의 미래와 개인적 문제에 대한 질문에 대답하였다. 토론 포럼의 증가로 사이트 선택이 강요된 개인들은 그들 고유한 의견을 표현하는 사이트를 선호한다. 비록 통제되지 않은 웹서핑이 예견하지 못한 연대를 만들지라도 민족적 구속과 분리는 디지털 혁명의 역설적인 결과가 되고 가상 집단의 집합 장소를 만든다.[7] 이는 그들의 주거지가 투표사무실에서 멀어진다고 생각하거나 시민들이 선거 의무를 완수하지 않기 때문이 아니라, 개인들이 정치에 무관심하기 때문이다. 그런데 인터넷이 그 자체로 시민들에게 시민으로서 행위 하는 의지를 제공할 수 있을까?

　정치 제도의 비판은 경제 위기의 사회적 결과와 결합된 것이다. 우리는 최근 몇십 년 동안 종신 고용을 보장하였던 경제적 구조의 최후를 목격하였다. 또한 노동 조건에 대해 의미와 관점을 제공하였던 공산당과 이데올로기가 분해되었다. 가족 관계의 비제도화와 강력하던 가족 구성원 간의 유대감의 약화는 다른 사회적 관계들의 약화를 야기한다. 실업은 사회에서는 물론 가족 집단 내부에서 개인의 지위를 재검토하게 한다. 실업은 부부간의 유대와 혈육 간의 유대조차 약화시키거나 때때로 단절시키는 위험이 있다. 무엇인가 개인의 존엄성을 구성하는 것으로부터 상처를 받는 실업자들은 그들 스스로가 그들의 친분적 교류를 제한한다. 배제의 과정을 인식하는 것은 고독감과 밀접하게 관련된다. 사회편입최저수입(RMI) 수혜자들의 절반 이상은 가족적 연대를 가지지 못한다. 고립된 개인들은 일자리를 찾을 수 있는 가능성이 희박하고 만약 그들이 해고되었다면 일자리를 다시 얻을 수 있는 가능성도 희박하다. 의심의 여지 없이 가족 간의 노력은 주로 개인들이 어려운 시기를 지나갈 수 있도록 도와준다. 부모들은 일자리를 찾지 못하는 성인 자녀들을 부모의 집에 거주시킨다. 가족 구

---

7) Azi Lev-On et Bernard Manin, «Internet, la main invisible de la délibération», *Esprit*, mai 2006, pp.195~212.

성원들은 실업자들을 재정적으로 돕고 그들은 사회보장금으로 지원되면서 일자리를 되찾기 위해 가족적 관계를 동원한다. 다른 사람에게 의존할 수밖에 없는 노인들을 책임지는 것도 주로 가족이다. 그러나 이것은 모든 사람들이 혜택을 받지 않는 상황에 대한 개인적 결정사안이다. 사회 구조의 전체적인 발전은 개인들의 입장에서 배제의 과정을 알게 하는 위험이 있다. 수많은 개인에게 더 이상 고용을 보장할 수 없고, 인간 존엄의 조건을 보장할 수 없을 때, 경제활동 인구의 60%를 구성하고 있는 고용자와 노동자가 수치감을 느끼거나 추락된다고 느낄 때, 생산과 효율성의 가치 주변으로 구성된 사회에서 어떤 형태가 사회적 통합을 이룰 수 있겠는가?[8]

일자리를 가지고 있는 사람들은 소득의 많은 부분을 나누고 있다는 생각을 자주 가진다. 부가가치율은 1980년대까지 규칙적으로 증가하였고 그 이후부터 BIP의 약 56% 내지 57% 정도로 유지된다(소득률은 1980년에 60%에 이르렀다). 그러나 자본소득의 분배는 유급자들에게 덜 합당하다고 여겨지고, 노동의 가치조차 의문하게 한다. 반면 경제 세계화로 강요된 구조조정의 필요가 더욱 잦은 해고를 양산하고 직장에서 미래를 보장받지 못하는 유급자들은 자신들의 일에 많은 주저함을 가지고 일을 한다.[9] 사회복지제도로 인한 소득의 증가는 노동이 중요한 통합자라는 점에 의문을 제기한다. 근로소득과 자본소득 간 인지된 차이와 근로소득과 사회보장제도로 인해 소득 간 인지된 차이는 전통적인 통합 과정을 약화시킨다. 프랑스의 경우, 노동시간 단축 법률은－세계에서 유일한－ 유급자들의 삶에 대한 여유를 우

---

8) S.Beaud et M. Pialoux, *Retour sur la condition ouvrière…*, *op.cit.*

9) François Dupuy, *La fatigue des élites*, Paris, Seuil, 2005.

선시하면서, 노동에 부여하는 가치를 축소시키는 데 기여했다.

수치스러운 통합

국가사회(Etat social)는 후퇴의 기로에 있고 사회 민주주의의 프로젝트가 고갈되었다는 점은 만장일치로 인정된다. 그럼에도 불구하고 어떠한 양적인 자료도 이 주장을 뒷받침하지 않는다. 복지국가에 의해 재분배되는 공동체 재정지원 부분은 오늘날이 어제보다 적지 않다. 1991년과 1999년 동안 정부징수와 관련 사회기관은 20% 이상 증가하였다. 1999년에는 BIP의 37%를 차지하였다. 그러나 널리 퍼진 복지국가 쇠퇴에 관한 속설이 말하는 바는, 정치적·사회적 개입이 실제적으로 그 의미가 변화되었다는 것이다. 모든 (사회) 구성원들의 존재에 대한 돌발적인 상황ー병, 부양가족, 산재사고, 고령화ー을 보장하고 본질적으로 구성원들의 연대를 보장하려는 목적으로 고안된 복지국가는 무엇보다도 임시직과 고용의 불안에 처해 있는 사람들에게 필요에 따라 사회보장의 정부가 된다. 정부는 연대에서 사회보장의 정부로 변모하였다. 최초의 사회보장 형태 속에서는 정부가 다양한 직업적 권리를 가진 모든 사람들의 존엄성을 엄수하였지만, 오늘날은 더 이상 그렇지 않다. 우리가 이미 그것을 알듯이, 사회보장은 그것의 혜택을 받는 사람들을 수치스럽게 할 위험이 있다. 그것은 도움을 주는 권력을 가진 대상과 사회보장을 받는 대상 사이의 불평등한 관계를 만든다. 사회보장은 타인에 대한 존엄성의 인식과 모순적이다.

그렇다고 사회적 개입정책이 그 의미를 잃어버린다는 것은 아니다. 비록 사회적 개입정책이 본질적으로 보상일지라도 이는 통합의 요소로 작용하여 지속된다. 사회적 개입정책은 보호가 필요한 다수의 인구로 넘쳐나고 그로 인해 재정적 위기가 발생되지만 그렇다고 해서 배제되어야 할 수단인 것은 아니다. 사회적 개입정책의 통합 역할이 수년 전부터 보호의 상황에 처해있는 생활보호대상자에게 해당한다는 것은 당연하다. 그들은 규칙적으로, 때때로 오래전부터, 사회복지사업에 의해 생활이 유지되던 사람들이다. 소외 혹은 배제의 과정은 이들보다 좀 더 나은 사람들에게 해당된다. 최저수입(RMI)은 비록 매우 제한된 수준일지라도 이들에게 일정 정도 수입을 제공한다. 또한 모든 사회적 교환관계와 요원해진 사람들에게, 사회복지요원과의 관계를 통해 일정 정도 유대를 만들어주고, 비록 그것이 매우 하찮은 것이라 할지라도 사회적 지위의 형태를 획득하도록 돕는다. 그러나 사회보장은 조잡한 통합을 제공할 뿐이다.

사회정책이 동정의 개념에 의해 성립되는 것이 아니라 온당한 삶의 조건적 혜택을 받아야만 하는 모든 시민의 권리에 근거하였다고 할지라도, 그것은 원조를 제공하는 사람들의 명예를 불가피하게 실추시킨다. 민주주의 시대의 개인들은 존재를 위한 온당한 조건이 마련되지 않은 사람들이 진정한 시민이 될 수 없다는 생각에 모두가 동의한다. 존중받으며 사는 방식은, 비록 소극적일지라도, 그들이 실제적으로 정치적 시민권을 실천하는 데 필요한 조건이다. 그러나 사회적 양도는 수혜자들에게 보호대상자들의 신분을 제공하고 그들의 실패를 인정하는 왜곡된 결과도 초래한다. 사회적 개입정책은 치안질서를 유지하는 사회적 통제와 동일하지 않다. 그러나 원론적 입장에서 재정지원을 받는 사람들의 존엄성에 의문을 제시하여 개인적인 자선행위로 복귀하는 가능성은 완전히 비현실적이다. 또한 경제 위기의 결

과에 영향을 미치는 모든 사회정책에 내재된 한계를 의식하지 않는
것도 유토피아적이다. 전반적으로 부유한 사회에서 모든 인간들에 대
한 평등가치에 근거한 사회정책은 피할 수 없을 만큼 희망되는 것이
고, 가장 가난한 사람들의 물질적 생존을 보장하기 위한 재정적 양도
의 중요성을 평가절하할 수 없다. 그러나 사회정책은 그것을 통해 개
인들의 존엄성에 영향을 주는 조건에 원칙적으로 물질적인 보상만을
가져올 수 있을 뿐이다.

가난한 사람들의ㅡ존재의 위험에 처해진 사람들과 증가하는 소외
화 과정에 이미 휩쓸려버린 사람들ㅡ 객관적 조건은 우리가 역사적
으로 알고 있는 모든 다른 사회와 비교해 보았을 때 의심의 여지 없
이 호전되었다. 우리는 더 이상 배가 고파서 죽지 않는다. 일반적으로
명명할 수 듯이, 서구 민주주의 축제의 '부스러기'가 소외자들을 먹여
살릴 수 있게 한다. 그러나 객관적 조건은 개인들에게 닥치는 경험과
혼동되지 않는다. 물질적인 진보는 개인들이 맞이하는 경험에 대한
의미를 고갈시키지 않는다. 그것은 그들이 고통을 겪는 것을 막지 못
하고 오히려 역으로 상대적 박탈에 대한 강한 감정을 유발한다. 낙인
화에 대한 시련은, 물론 그것이 사람들의 시련을 측정하는 데 불가능
할지라도, 예전보다 오늘날 더욱 강하다. 우리 사회에서 가난하다는
것은 공동체 생활에서 점점 더 배제되고 소외되었다는 것이고, 다른
사람들과의 교환의 기회를 점점 더 잃어버렸다는 것이다. 가난하다는
것은 실패했다는 것이다. 왜냐하면 부의 생산과 경영을 위주로 조직
화된 사회는 모든 사람들의 물질적 복지를 보장하는 공동체적 목적
이 주어지기 때문이다. 토크빌(Tocqueville)의 표현을 따르면 모든 사람
에게 모든 가능성과 모든 야망을 열어 주는ㅡ개인 각각에게 물질적

조건을 개선하는 것이 사회의 의무가 되는—조건의 평등에 근거한 사회 속에서, 빈곤은, 수많은 세기 동안 가장 일반적인 경험이 되었을 때처럼, 운명에 의해 강요되고 수많은 타인들과 공유된 조건으로서 더 이상 경험될 수 없다. 그것은 소외자나 가난한 이들의 개인적 실패와 무능력을 인정하고 드러내는 것이다.

'포함'되거나 '소외'되는 데 수많은 방식이 존재한다. 개인들은 결정적으로 '통합'되거나 '제외'되지 않고 더구나 '통합자들'이거나 '소외자들'도 아니다—어떠한 개인도 결코 완전하게 사회적 쟁점 밖에 있지 않다—. 그러나 불안정한 상태 혹은 임시직 상태의 이들은 공동체적·직업적·관계적 생활에서 그들을 배제하는 과정, 혹은 사회학의 다른 전통적 개념에 근거하여 그들을 소외하는 과정을 인식하는 다소 강력한 가능성을 가지고 있고 또한 실제적으로 인식하고 있다. 고정직을 가지고 매우 잘 통합되어 있어 보였던 개인들조차 그들이 기업의 폐쇄로 인해 실업에 놓이게 되면 이러한 경험을 알 수 있다. 그러나 가장 흔히, 사회적 장애의 누적이—가난하고 불균형적인 가족, 학업실패, 교육부재, 실업— 이러한 과정을 일으키는 위험이 된다. 이것은 일자리를 잃은 모든 개인이 반드시 모든 사회적 연대의 단절을 겪고 그 자신이 피폐되는 지경까지 도달한다는 의미는 아니다. 그러나 모든 사회적 연대의 단절이 가능한 지점에서는 추락의 위험이 존재한다는 의미이다.

세르쥬 포감(Serge Paugam)에 의한 구별되는, 가난이 일반적인 조건이 되고 빈곤자들이 공동체 생활에 일반적으로 참여하는 전통 사회의 '통합된' 가난과 가난이 강요되고 빈곤자들이 배제되는 근대 사회의 '소외화된' 가난은 통합이란 단어 속에서 빈곤자들에 대한 문제가 복지 민주주의 사회의 우선적 과제로 제기되는 것을 보여준다.[10] 가난은 단지 경제적 자원의 부족으로 정의되는 것이 아니라, 사회적 교환의 약화나 고갈로 정의된다. 만약 가난한 사회에서 고립감과 수치감이 없는 조건을 빈곤자들이 알 수 있다면, 그것은 더 이상 민주주의 사회의 경우가 아니다.

결혼과 가족

제도 비판과 개인의 새로운 규범창조는 공동체 생활조직과 노동관계자들과의 협력에 의해 강요된 구속이 약해지는 사적 영역에서 특별히 민감하다. 학교, 기업, 군대는 그것 자체의 고유한 요구로 개인들의 자유에 특정한 제한을 강요할 수 있다. 그러나 사생활의 영역에 속하는 신앙, 종교적 실천, 가족질서 속 민주주의 개인은 새로운 행동을 더 쉽게 채택할 수 있고 그들 고유의 열망을 더 쉽게 표현할 수 있다.

1804년 민법에서 유래된 소위 계약적 가족은 완전히 변화되었다. 생물학적 사실과 감정의 진정성을 무시한 민법은 가족 구성원들의 이해관계보다 가족의 이해관계에 우위를 두었다. 결혼의 지속성은 배우자의 죽음에도 지속되어야 했고 (짧았던 혁명이 끝난 1881년 이혼은 '위반'으로 인정되었다) 가족의 재생산을 보장해야만 했다. 법률적 허구(fiction)에 근거해, 아이는 (엄마의 아이가 아닌) 엄마의 남편의 아이었다. 비합법적인 아이는 모든 권리에서 박탈되었다. 여성의 열등성이 법으로 인정되었고, 남편은 가족의 이름으로 발언하였다. 더구

___
10) Serge Paugam, *Les forms élémentaires de la pauvreté*, Paris, PUF, «Le lien social», 2005.

나 19세기에는 남편이 아내와 그의 아이들을 대표하도록 하여 가장의 복수 투표권을 인정하도록 요구되었다.

1970년대 가족법은 여성의 상황을 근본적으로 바꾸었던 두 가지 중요한 사실이 야기한 변화를 인정하였다. 그것은 바로 여성들의 시민권(1944) 획득과 모든 공적·사적 영역에서 고용이며, 이로 인한 변화는 출산율의 통제와 관련이 있다. 1967년 뉴월스 법(Loi Neuwirth)은 피임수단의 사용을 합법화했다. 1975년 베일 법(Loi Veil)은 인공유산을 합법화했다. 가족은 그때부터 배우자들의 평등이나 생물학적 유전 사실, 가족의 영속성이 아닌 구성원들의 개인적 행복을 보장하는 가족 유대의 감정적 특징을 인정하는 데 근거하였다. 토크빌(Tocqueville)은 우리가 민주주의에서 조상과 후세대를 더 이상 알지 못하고, 실제적으로 알고 있는 부모나 자녀들과 같은 사람들을 고려할 뿐이라는 것을 이미 예측하였다.[11] 전체로서 가족은 더 이상 가족을 구성하는 개인들과 독립적으로 존재하지 않는다.

민법은 결혼과 성적 관계의 혼란에 대비한 규범을 규정하였고 가족이라는 최고의 이해관계를 명목으로 혈통관계의 혼란에 대비한 규범을 강요하였으며, 가족을 통해 사회적 질서에 대한 규범을 결정하였다. 결혼은 가톨릭 교회의 종교적 성사로서, 민법에 의한 비종교적 성사로서 인정되었다. 오늘날 우리는 이와 같은 세 요소들의 분리를 목격하고 있다. 이브 몽땅(Yves Montand)의 경우에서 보여주었듯이 사

---

11) "상속법이 균등한 분배를 원칙으로 할 때, 가족정신과 땅의 소유사이에 연결된 밀접한 관계를 해체하며 더 이상 땅이 가족을 대표하지 않게 된다. […] 가족정신이 끝나는 곳에 개인적 이기주의가 채워진다. 가족이 더 이상 정신 속에 머무르지 않는다면 그것은 불투명하고 비결정적이고 비확실한 것이기 때문에 각 개인은 현재 편리함을 취하게 된다. 다음 세대를 위해 고려될 뿐 그 이상은 아무 것도 아니다."(*De la démocratie en Amérique*, Paris, Gallimard, «Folio histoire», 2003, I, 1, 3, p.98). "민주주의는 각 개인들의 조상을 잊게 할 뿐만 아니라 그들 후세대조차 감춘다."(*id*, III, 2, 2, p.145)

후(死後)에 DNA의 증거를 찾을 때까지 생물학적 유전 사실은 합법적인 혈통계통에 대한 법률적 허구(fiction)와 대립된다. 입양된 모든 아이들은 그들의 생물학적 태생을 알 수 있는 권리를 가졌다. 비합법적이고 사생아라고 일컬어지던 아이들은—그와 같은 자격조차 사라졌다— 결혼한 부모에게서 태어난 아이들과 동일한 권리를 가지게 되었다.

공식적으로 발표된 혼외 출생의 통계들이 이러한 분리현상을 증명한다. 혼외 출생의 약 절반이 하류계층 출신이고, 29%가 중간계층 출신, 20%가 상류계층 출신이다. 결혼은 더 이상 커플을 형성하거나 아이를 가지기 위한 조건이 아니다. 이혼율은 결혼의 새로운 정보를 제공한다. 1960년 100쌍의 결혼한 커플 중 9.6쌍이 이혼을 했지만 2001년 결혼한 100쌍 중 37쌍이 이혼을 하였다. 이러한 수는 여전히 현실을 과소평가하는데 왜냐하면 여기에는 결혼하지 않은 커플들의 별거를 고려하지 않았기 때문이다. 다양하고 끊임없는 즉각적인 결연의 합법적 형태가 일부일처제의 규범을 이어 가고 있다. 결혼이 순수한 감정에 근거하여 두 사람을 결합시키는 순간에서부터 그것은 이혼의 확산과 새로운 부부형태의 창조로 나타난다.

이미 유럽의 여러 나라에서 이루어진 동성애자들의 결혼 인정은 사회의 재생산 단위로서 가족을 희생시키고 개인들의 감정을 인정하는 데 우선을 두고 있다. 이러한 현상의 확산은 결혼, 성적 관계, 혈통관계의 분리라는 극단적인 형태를 상징화하는 방식으로 불가항력적으로 나타난다. 개인 우선은 그들의 특성이 무엇이든, 순간의 감정과 감동을 초월하는 제도인 가족이라는 최고의 이해관계를 희생시키고 두 개인들 사이의 '결혼—계약'의 관계를 인정한다. 어떤 사람도 더

이상 혈통에 연연하지 않고, 조상으로부터 물려받은 것을 아이들에게
계승하는 것이 중요하다고 생각하지 않는다.

이렌 떼리(Irène Théry)의 분석에 따르면 새로운 결혼관계는 사랑에
대한 진정성의 추구로 부부들의 잦은 결별과 혈통관계의 불가피한
영속성 사이의 긴장으로 표현된다. 결혼의 계약을 맺은 자유롭고 평
등한 개인들은 그들의 감정의 발전에 따라 헤어진다. 상호 동의는 계
약의 본질이다. 그러나 부부의 지속기간이 부모의 역할기간과 동일한
것은 아니다. 아이를 키우는 데 반드시 20년이 필요하다. 헤어진 부부
는 부모의 의무를 완수하기 위해 필요한 관계를 지켜야만 한다. 바로
여기에서 자신의 열망과 과거 부부였던 관계의 성숙을 조합한 '성공
적인 이혼'의 이데올로기와 부모의 의무가 있다. 부자관계와 형제관
계는 부부관계를 능가한다. 그것은 부부관계와는 달리 영구적이다.
역설적으로, 극단적인 개인주의 논리는 선택적 관계(부부관계)를 희
생시키면서 생물학적(부모들, 형제와 자매들) 관계를 강화한다. 또한
'사회'를 희생시키고 개인들의 정신 상태와 독립적인 제도적 관계를
정립하면서 개인적이고 감정적인 관계가 지배하는 '공동체' 논리로
귀착한다.

우리는 종교질서 속에서 제도적 관계와 동일한 변화를 목격한다.
개인들은 자율적이고 열정적이고 감정적인 신앙인들의 소모임을 선
호한다. 가톨릭 교회의 경우, 개인들은 예배의 빈도와 성사에 관해 전
통적 교회가 조직한 실천들에 무관심하다. 그들은 그들의 행동이 교
회 제도가 강요하고 전승하는 규범들에 더 이상 복종되지 않기를 바
란다. 그들은 그들이 젖어 있는 매체적 세계에 영향을 받아 그들의
믿음을 표시하는 새로운 방식을 창조한다. 그들은 그들 스스로가 '진

정성'과 '동일화'을 모색하려는 목적으로 그들의 '종교'를 구축한다. 다양한 전통 속에서 차용한 요소들을 합쳐서 개인적 믿음의 방식을 구축하고 '선택식' 종교를 채택한다. 그들 고유의 의미 있는 세상을 구축한다. 집단적 삶의 방식을 지배하고 사교의 기회를 중요하게 제공하였던 전통적 교회는 세대와 세대를 연결하였고, 개인 운명을 능가하였던 역사 속에 개인의 역사를 기록했다. 교회는 신자들의 행동을 '교구의 문명'이라고 부를 수 있었던 틀에 옭아매었다. 그때부터 교회의 역할에 대한 이의가 제기되었다. 교회의 전통으로 계승되어 오던 인간에 대한 관념론적 의문에 의미를 주고, 인간이 겪었던 불행의 경험에 의미를 주었던 '중요한 이야기'는 다니엘르 헤르뷰-레제 (Danièle Hervieu-Léger)의 표현에 따르면, 대다수에게 받아들여지는 '작은 신앙의 이야기'가 된다.

이 과정은 사적 영역 속에 종교적인 요소들의 퇴행이라는 오랜 역사의 끝을 보는 것이다. 종교적 실천은 개인적 선택이 되었고 개인적이고 임의적인 동일화의 방식이 되었다. 역설적으로 여전히 이와 같은 개인주의화와 주관주의의 극단적인 형태는 반사적으로 '공동체적인' 논리, 전통에 대한 절대적 해석, 종교적 주장들에 따라 강요된 엄격한 형태에 복종하는 회귀반응을 야기한다. 근본주의는 실천과 신앙에 대한 순수한 개인적 재해석의 반응으로 나타난다.

만약 우리가 종교적 질서와 가족적 질서에 새로운 규범을 자발적으로 창조한다면, 기업은 시장에 의해 강요된 구속에도 불구하고 직무의 개인주의화, 행위자들의 명확한 책임감, 집단 구성원들의 개별적 반응을 고려하는 '민주주의적' 관리 형태에 호소하는 경영방식을 채택한다. 민주주의 시대에 사람의 지배는 '부드럽지' 않고서는 더 이상 존재할 수 없고 그것은 상징적인 방식으로 개인들의 민감성을 고려해야만 한다.

개인주의와 통합

2003년 폭염을 계기로 방송매체에 알려지기 이전에도 개인주의가 노인들의 큰 고독감을 초래한다는 조사가 이미 있었지만, 개인주의 그것 자체로 사회적 통합에 위배되는 것은 아니다. 뒤르케임(Durkheim)은 이미 자유롭고 다양하지만 상호 보완적인 개인들의 관계에서 발생되는 유기적 통합의 효율성을 강조하였다. 어떤 이들은 유기적 통합이 더 자유롭고, 더 내연화된, 결과적으로 더 단단해지는 사회적 연대의 새로운 형태를 만든다고 주장한다. 감정적인 소규모 종교집단은 틀림없이, 일시적인 경우이든, 그들 구성원들 간의 돈독한 연대를 특별나게 유발할 것이다. 가족적 연대는 가족제도의 형식에도 불구하고 더 돈독하게 될 것이다.[12] 이것이 바로 프랑스와 드생글리(François de Singly)가 주장하는 것이다. 그에 따르면, 부부관계는 — 역설적으로 보이지만 — 개인화되며 자유로워지려는 의지가 다른 모든 사항보다 우선시되고, 이들은 '자기화'되려는 야망과 동시에 하나가 되는데 두 사람의 인생을 노력한다고 주장한다. 그들은 '자기 자신'이 부부관계 속에서 사라져 버리는 '용해된' 관계를 거부한다. 그들은 독신의 독립적인 생활과 하나가 된 두 사람의 생활을 쉽게 전환할 수 있다. 이러한 삶의 전환은 동일한 시기에 전승될 수 있고 전개될 수 있다. 우선

---

12) François de Singly, *Les uns avec les autres. Quand l'individualisme crée du lien*, Paris, A. Colin, 2003.

적으로 두 가지 모순적 욕망을 해결하려는 노력은 수많은 결별을 비롯해 모든 부부의 삶에서 일반화된 열망으로 변화되는 것으로 보인다. 민주주의 개인들은 특히 개인적 관계에서 그들의 자유를 수호하기를 원하고, 우정과 사랑은 순수하게 선택적인 것이 되기를 원한다. 개인은 자신의 전통 속에서 '조상'으로서 받아들이는 가족의 구성원들을 선택하는 권리가 있다. 선택과 다양화의 관계는— 개인 각각은 자기 통제자로 유지되기를 바란다— '최초의 근대성'의 시기에서 나타난 출생에 연결된 '공동체'에 참여를 강요하는 사람들과 다르고 상업적이고 정치적인 관계에 축소될 수 있는 '사회'의 사람들과 다르다. 이러한 관계는 자유로운 개인들에 의해 자유롭게 선택된다. 개인들 간의 관계는 그때부터 "애정 관계, 우정 관계, 친목 관계, 형제 관계 등의 형태를 선택"할 수 있다.[13] 이것은 복지국가 제도가 제공하는 사회보장 덕분으로 개인들이 가족, 이웃, 공동체의 연대감에 더 이상 근거하지 않기 때문에 더욱 발전될 수 있다. 제도적 의존은 독립의 조건이고 개인 차이의 조건이고 상호 인식의 조건이다. "구별과 해방은 상호 보완적인 복합성의 관계를 유지하면서 동시에 구별시키는 개인주의화 과정을 구성하는 두 요소이다. 이 요소는 국가적 연대의 최고 수준을 유지할 수 있는 사회적 영역을 요구한다."[14]

이러한 낙관주의를 기대하는 것은 중요하다. 통상적으로 말하는 '사회적 연대의 위기'는 새로운 자유의 전개를 인정한다. 근대 사회는 사실상 역할과 참여의 다양성과 가변성으로 특징지어진다. 우리는 집단에 '소속되어' 있지 않고, 집단은 분석의 카테고리가 될 뿐이다. 사

---

13) *Ibid.*, p.239.

14) *Ibid.*

회는 개인들이 '소속될 수 있을 법한' 구체적이고 병치되는 집단에서 형성되지 않는다. 사회는 개인들의 사회적 상황과 개인적 역사에 근거하여 참여와 동일화의 임의적인 형태를 항상 선택하는-때때로 그러한 형태가 선택되도록 강요되는-사람들에 의해 형성된다. 그러나 끊임없이 '스스로를 창조하고' 그들의 조상, 동일화, 이웃, 친구들, 연인, 정신들을 선택하는 능력은 보편적으로 확산된 능력이 아니다.[15] 이런 능력은 본질적으로 중산층과 관련된다. 중산층에 소속된 구성원들은 자유와 개인주의 문화에 공동 참여를 근거로 그들의 유대를 실제적으로 구성할 수 있다. 그런데 민주주의 개인들의 삶의 외부적 형태들이 구속의 부재와 밀접하게 관련되고 조건의 획일화에 대한 환상이나 이미지를 제공하는 음식과 복장에 더욱 밀접하게 관련된다고 해도, 사회적 재정보조가 덜 불평등한 것은 아니다. 가장 가난한 사람들과 가장 수치감을 느끼는 사람들은, 노동자나 사회보장제도의 대상자들의 경우, 상황에 대한 동일한 가능성을 가지고 있지 않다. 결혼한 부부가 헤어지고 4년이 지나면 44%의 아버지들은 새로운 커플을 이루는 반면 28%의 어머니만이 새 커플을 이룬다. 임시직을 가진 사람들이나 하류계층의 구성원들은 커플을 재형성하는 기회가 낮다. 하류계층 출신의 여성들은 우선적으로 결혼의 비제도화로 인한 희생자가 되었다. 이혼이나 별거 때문에 수많은 여성들은 빈곤의 상황을 맞이하고 사회적 배제를 경험한다. 만약 과거 상황과 반대로 연장자 세대보다 젊은 세대의 자살이 더욱 높다면[16] 그것은 젊은이들이 제도적

---

15) Jean Claude Kaufmann, *Ego. Pour une sociologie de l'individu*, Paris, A.Colin, 2001, en particulier le chapitre 11.

16) Christian Baudelot et Roger Establet, *Suicide. L'envers du monde*, Paris, Seuil, 2006, pp.142~144.

보장의 혜택을 받지 못하기 때문이 아니지 않은가? 객관적인 소득과 사회보장제도에 의존할 수 있기 때문에 우리는 더 안정적으로 살아 간다. 자유로운 개인들에게 만족하는 개인주의는 불평등하게 펼쳐진 다. 긍정적 개인주의, 즉 행동 규범을 자유롭게 선택하고 복지국가의 보호 아래에서 새로운 규범을 창조하기 위해 개인적·사회적 소득을 가진 개인들의 개인주의가 실제적으로 존재한다. 그러나 부정적이고 단순한 구속으로서 강요되는 경험된 개인주의도 존재하는데 이는 개 인적·사회적 동일한 수단을 가지지 않은 사람들이 인식하는 개인주 의, 소득이 없는 사람들 혹은 공동체 생활의 요구에 부적응한 사람들 이 인식하는 개인주의이다. 그런데 모두에게 형식적으로 모든 가능성 이 열려 있는 개방된 경쟁 사회에서, 사회적 실패를 더 이상 나쁜 사 람들의 음모로 혹은 운명 탓으로 돌릴 수 없다. 실패한 사람들은 그 들 스스로가 책임을 질 뿐이다. 그들은 개인적으로 그들의 실패에 책 임이 있다. 모든 민주주의 개인들은 사회적 실패를 관리할 줄 알아야 한다.

오늘날 우리는 하류계층의 아이들이 최고 학력에 도달 수 있는 기 회가 낮다는 사실을 목격하는데, 이는 아이들이 강력한 제도들에 의 해 강요되는 사회화의 부재로 인한 희생자이기 때문이 아닌가? 학교 와 권위 있는 가정교육은 그들에게 출신의 장애를 보상할 수 있는 최 고의 기회를 제공하였다. 이러한 이유는 범죄와 불손함이 증가하기 때문이 아닌가? 20세기 후반부터, 우리는 폭력과 불손함의 증가를 비 롯하여 재산 훼손 범죄도 증가되는 현상을 목격하였다. 이런 현상의 확산은 사회적 공간에서 다양하게 변화되어 나타난다. 마약 운송, 불 손함, 언어폭력, 소동, 폭력, 강간과 같은 공적 장소에서 발생하는 문제는 민족적 경쟁심으로 부추겨지고 이민자 대부분이 살고 있는 가난한 도시 외곽지역에서 전개된다. 가장 부유한 지역과, 도시 중심, 꼬다쥐르(Côte d'Azur)의 휴양도시에서 발생하는 범죄율은 일반적으로 대도시 주변부 지역보다 조금 더 높지만 주로 절도와 도둑에 해당한다. 사회화되지 않은, 방치된, 소외된 인구의 증가는 지속된다. 범죄행위는 점점 증가하고 범죄자들은 점점 더 어려지는 추세이다. 더구나 일상생활에서 나타나는 개인주의는 이웃과의 관계와 지역적 연대감이 행동에 영향을 미쳤던 통제의 효과를 약화시킨다. 개인들 각각은 다른 사람들의 일에 개입하는 것을 두려워하고 '이야기'가 되는 것을 피하려고 할 뿐이다. 경찰들은 증인을 확보하는 데 어려움을 가진다.

일반적으로 개인주의는 강력한 가족적 사회화가 습득된 사람들의 규범적 통합을 객관적으로 선호하는 왜곡된 결과를 초래한다. 강력한 사회적 제도들과 학교와 정부에 의해 보장된 제도는 약한 자들을 성장시키고 보호하는데, 이러한 제도들은 가족을 통한 사회화와 가족적·경제적·문화적 전통계승에 있어 출생계층과 관련한 사회적 불평등을 강화하는 중요한 역할을 한다. 개인주의에서 발생한 연대는 우선적으로 주변적 가치들에 복종하는 사람들과 강력한 사회화에 혜택을 입은 사람들, 부유한 가정에서 태어난 자녀들, 교양인들, 신앙적 확신에 찬 사람들에게 효과적일 수 있다. '개인주의' 형태의 연대는 사회적 전통, 교육, 그리고 외부 통제가 약해진 사회의 규범에 의해 내연화된 사람들에게 긍정적일 뿐이다. 강력한 법률이 가장 약한 사람들을 보호하고, 약화된 법의 통치가 가장 힘 있는 자들을 옹호하는 것처럼, 사회적 통제가 약화된 사회는 상처받기 쉬운 사람들과 약한 사람들을 불안정하게 한다. 더구나 가장 긍정적인 경우에도, 선택된 연대는 그것 자체로 유약하다. 자신의 기쁨 이외에, 그것이 종교, 우애, 애정에 근거한 이유에서이든, 다른 이유 없이 순수하게 선택되는 연대는 언제나 일시적일 가능성이 있다. 연대는 오직 사람들의 자질과 그 자신이나 혹은 다른 사람들의 충실한 의지에 근거한다. 결혼과 교회에 의해 규정된 실천들은, 개인들의 행복은 아닐지라도, 가족적·사회적 질서의 영속성을 유지하고 공동체적 삶을 구성한다. 제도는, 세대 간 생물학적 대체 그리고 결혼 이상으로 사회의 안정을 보장하는 기능을 한다. 제도 비판의 본질적 당위성은, 짐멜(Simmel)에게 사회가 영원하다는 생각을 가지게 했던 공동체적 존재들의 시대적 지속성에 대한 의문과 관련된다. 세대에서 세대로 계승되는 공통된 제도들의 최소한을 엄수하지 않고 어느 수준에서 우리가 사회를 구성할 수 있는가? 모든 이들이 사회적 삶을 구성하는 중요한 가치들과 세계질서의 상징적 개념들에 동의해야만 하는가? 모든 이들이 같은 의미의 세계를 공유하지 않으면 안 되는가?

복지 민주주의와 연대

15년 전부터 군대, 학교, 대의 민주주의 기관, 정부기관, 정당과 노조와 같은 가장 직접적인 정치적 기관들은 그들의 효율성과 합법성을 상실하고 말았다. 반대로 사회적 삶에 정부의 개입은—사회보장제도, 학교 교육의 일반화, 문화정책, 성공적인 도시정책, 반차별주의 정책과 관련된다— 양적인 의미에서뿐만 아니라 질적인 의미에서 그

것을 셀 수 있을 정도로 증가되었다. 이와 같이 현대 사회는 공적 행
위의 변형을 통해 '복지 민주주의' 형태로 접근한다.[17]

복지제도

현실적 평등에 대한 갈망에 화답하고 사회의 모든 구성원들의 행
복에 부응하기 위해 고안된 복지제도는 점점 더 사회적 삶의 확장된
영역을 포괄하고 아우른다. 민주주의는 사회의 정의와 개인 보호의
원칙에 집중된다. 모든 조건이나 기준으로부터 독립적인 보편적 수당
금(allocation universelle)을 제정하려는 정책 관련자들은 사회통합의 필
요를 주장한다. 그들에 의하면 사회통합은 "임금을 초월하여 사회적
연대와 사회적 결합을 창조해 냄으로써 새로운 연대, 새로운 협력방
식, 새로운 교환 방식에 대한 열망을 북돋는"[18] 것과 관련되어 있다.
사회적 행위는 행위 민주주의가 되고 사회보장제도는 사회통합의 본
질적 근원이 된다.[19]

미셸 푸코(Michel Foucault)의 영향을 받은 1970년대 비판이 지적하
였듯이, 우리는 가난과 범죄 가능성 때문에 소외된 인구들에 대한 사
회적 통제의 필요성을 요구하는 사회적 개입정책을 고갈시킬 줄 모
른다. 경제적·사회적 체제에서 소외된 사람들(빈곤자, 실업자, 외부
모 가정의 가장, 생활보호대상자, 다른 질서체제 속에 속한 사람, 범

---

17) D. Schnapper, *La démocratie providentielle*⋯, *op.cit.*

18) André Gorz, *Misère du Présent, richesses du possible*, Paris, Galilée, 1977, p.134.

19) 나는 여기에 로베그 카스텔(Robert Castel) 의 분석을 첨가한다. Robert Castel, «L'Etat social est la forme
    moderne de la cohésion sociale», «Le social forme désormais l'ossature du sociétal», *Les
    métamorphoses*⋯, *op.cit.*, p.708 et 709.

죄자 등)에 대한 정책들은 복지정부의 일반화된 사회보장 프로젝트이며 핵심 사업이다. 가난한 사람들에 관한 정책은 사회적 질서를 유지하려는 의지이며 민주주의 사회에 시민들을 결합시키는 연대를 표명한다. 우리는 민주주의, 권위주의, 전체주의 체제의 권력 행사를 구분시키는 정책 차이를 무시하고서 모든 사회적 질서를 전체적이라고 평가해서는 안 된다. 공공정책은 사회적 통제의 수단이지만 그것의 본질은 자비와 현상태 유지의 관계에서 모호하다. 복지국가는 국가사회의 구성원들 사이의 부를 재분배하는 역할로 전체에 대한 거대한 통합 프로젝트이다.

정부는 오늘날 개인들의 사회적 필요를 만족시키기 위해 개입하기도 하지만 개인들의 교육적·문화적 필요, 건강, 동일화(혹은 '민족적')에 대한 필요를 충족시키기 위해서라도 언제나 개입한다. 예를 들어, 공공정책은 가장 혜택을 받지 못하는 사람들에게 최소한의 재정지원을 보장한다. 프랑스는 8가지 기본 복지정책을 마련하고 있다. 가장 가난한 사람들에게 학교제도 교육을 제공하고, 교육에 투자하는 공공자원이 지속적으로 증가한다. 학교는 점점 더 오랜 기간 동안 젊은이들을 교육시킨다. 기회 평등은 민주주의가 공포한 야망 중의 하나이다. 학교 활동은 문화 기관들의 활동에 의해 완성된다. 문화 기관들은 최다수 인원에게 문화적 혜택을 보장하고 국가 예산의 약 1% 정도를 확보한다. 정부 정책은 모든 사람들에게 주거, 고용, 교육의 평등을 보장하려는 목적으로 차별화 반대투쟁 속에서 발전된다(예를 들면 영국의 정책은 이러한 점에서 차별화 반대투쟁을 가장 활발하게 펼치고 있다). 일반적으로, 정부 활동은 모든 이에게 기회균등과 사회보장제도를 보장하는 데 목적이 있다. 최근 몇 년 동안 프랑스에서는 다양한 특수한 지위의 고용형태(고용연대계약, 청년고용 등)를 통한 실업과 배제반대 조치, 교육 제도 내 우선교육지역(Z.E.P.) 정책, 대도시의 열악한 외곽 지역을 '활성화'하는 도시정책과 관련된 다양한 법률, 그리고 놀랍게도 인종차별 반대 조치들이 확산되었다.

'복지'정책은 국가기관만큼 다양한 출신의 계층을 통합하지만 통합의 다른 방식을 취한다. 변화는 단지 양적이지 않고, 공적 행위에 대한 다른 철학을 내포하고, 특히 사회적 연대의 새로운 형태를 정립하는 데 있다. 공동체 삶에 대한 단순한 정책은 모두에게 적절한 생활 조건을 보장하고 가장 혜택을 덜 받는 사람들을 보호하려는 목적의 개입 정책으로 약화된다. 따라서 정부는 민주주의 사람들의 필요에 호응하고, 그들이 행복하고 싶어 하는 열망을 만족시키는 최고의 목적과 합법성을 가진다. 2002년 5월 5일 오로지 정책 프로그램-그것은 극단적인 민족주의 우파들을 대표하는 후보자에 대항한 '공화국 가치들'을 수호한다는 것이었다-에 의해 선출되었던 공화국의 대통령은 당선 이후 7월 14일 담화 발표에서 대통령 임기 7년 동안 가장 중요한 프로젝트로서 암과의 전쟁, 교통사고와의 전쟁, 장애인 보호를 제시하였다. 이것은 더 이상 기회균등 보장에 국한되지 않고 모든 사람들의 삶의 조건에 대한 평등 보장과 관련된 것이다. 로널드 잉글하트(Ronald Inglehart)의 주장대로 가장 부유한 사회와 가장 근대적인 사회에서 '행복'과 '자기표현'을 특징으로 하는 '포스트모던'의 가치 확산이 가져온 정책이다.[20] 포스트모던의 가치들은 '경제적 성장보다는 오히려 주관적인 행복과 환경보호에 대해 우선권'을 둔

---

20) 이러한 분석은 여러 저서들에서 논의되었다. 우리는 로널드 잉글하트(Ronald Inglehart)의 글에서 핵심내용을 찾을 수 있다. «Choc des civilisations ou modernisation culturelle du monde», *Le Débat*, n° 105, mai-août 1999, pp.23~54.

다.[21] '주관적인 행복'을 보장하기 위해서 모든 시민들의 형식적이지 않은 실제적 평등을 재정립하고 보장하려는 목적으로 공동체 자원의 일부를 변화시키면서 혜택을 받을 수 있는 계층의 새로운 카테고리를 정의한다. 정부는 개인에게 더 높은 안전, 더 많은 편리를 보장하고, 개인들 사이에 더 많은 평등이 이루어질 수 있도록 언제나 더욱 특별한 조치들을 통해 개입한다. 개입 정책은 더욱 명확하게 되면서, 불가항력적 방식으로 공동체 제도 속에 침전되고 새겨진다. 공화국 대통령이 2002년 10월 정부의 '개입정책' 수립을 공표한 것은 바로 불가피하고 결정적이라고 여겨진 일반적인 개입정책의 논리에 근거한다. 모든 국내인들의 통합처럼 이민자 자녀들의 통합은, 이민자 인구와 그들 자녀들에게 해당하는 특별한 정책을 채택하지 않고, 2세기 이전부터 학교에서 군대까지 보편적 사명을 띤 국가기관의 중재적 역할을 통해 공동체 삶에 이민자들이 점진적으로 참여함으로써 실행되어 왔다. 새로운 정책은 최근 20년 동안 사회적 활동자금(Fonds d'action sociale)의 개입과 이민 출신 인구들의 특수한 필요를 고려한 도시정책과—책임자들이 그것을 제시하였던 대로— 특정집단에 호의적인 문화정책에 의해 이미 채택된 산발적 조치를 체계화하고 개발하고 있다. 1988년 통합고등위원회의 창립은 그것의 상징이 되었다. 일련의 모든 새로운 특별 조치(보충학습지도, 언어학습, 시민교육 입문, 청소년들과 대학생들을 위한 장학금, 공모참여에 대한 후원, 기업 후원)가 발표되었다. 젊은이들 이외에 여자들도 이민통합법 속에서 인식되었다. 이때부터 국가정책은 통합복지정부를 창출하려는 의지를 보여준다.

---

21) *Ibid.*, p.34.

이러한 정책 결정은 1998년부터 전개되어 왔던 차별화(discrimination) 반대정책을 추진시키는 데 직접적인 영향력을 행사하였다.22) 한편, 전통적인 정책은 민족출신에 따른 차별화를 부정하였고—시민권과 보편적인 가치에 근거한 이민자와 그들 자녀들에 대한 통합정책의 수단—, 고용 및 사회연대부(La Ministre de l'Emploi et de la Solidarité)는 1998년 차별화 반대투쟁을 우선 정책으로 선언하였고 1999년 1월 차별화 반대집단과 연구집단 설립을 승인하였다. 이러한 정책은 내무부 장관의 지휘 아래 진행되었는데 '이민자 출신의 젊은이들'이 희생자가 되는 차별화를 막기 위한 목적으로 시민권 획득을 담당하는 행정 지방위원회 설치가 1999년 1월 도지사(및 기관의 장(長))들의 공문에서 요구되었다. 이러한 조치들은 2003년 3월 '시민권 국가회의'(Les Assises nationales de la citoyenneté)에서 승인되었다. 2005년 마침내 우리는 차별화에 대항하고 평등을 수호하기 위한 고등권위기관(Haut Autorité)이 유럽 국가 지도부에 의해 설립되던 것을 보았다. 2000년부터 우리는 '프랑스에서 *차별철폐정책(affirmative action)*과 이와 같은 입장이 빠르게 정착되었던 속도에 놀라웠을 뿐이었다.'23) 만약 오늘날 이러한 현상이 통합정책과 간접적이고 상징적인 '긍정적 차별화(discrimination positive)' 조치로 강화된다면, 이것은 바로 개별주의에 대한 인식을 요구하는 민주주의 역동성 속에서 잉태된 것이다.

사회적 삶에 개입하는 정책을 통해 복지 민주주의는 행동, 열망, 가치를 동질화하는 데 기여한다. 우리가 보았듯이 다른 사람들과 함

---

22) Didier Fassin, «L'Invention Française de la discrimination», *Revue française de science politique*, vol.52, n° 4, août 2002, pp.403~423.

23) Gwénaële Calvès, «Les politiques françaises de lutte contre le racisme. Des politiques en mutation», *French Politics, Culture and Society*, vol.18, n° 3, automne 2000, p.78.

께 민주주의 역동성에 이끌린 이민자 아들과 딸들의 문화적 통합은 복지 민주주의에 대한 행동, 열망, 가치가 채택되었다는 것을 보여준다. 엄격한 이슬람 종교의 실천으로 회귀함으로써 사회질서에 대항하는 특정 반란은 때때로 개인적 언어와 주변적 동일화 속에서 잉태된다.

국가적 전통

모든 유럽사회를 이끄는 민주주의 역동성이 모든 유럽사회의 개별적 국가의 국가적 특징을 반드시 제거하지 않는다. 연구조사는 사회적 개입정책을 통해 통합방식에 나타나는 변수로서 국가의 중요성을 보여준다. 이민자 후세대들이든, 빈곤자들이든, 소외자들이든, 그들은 정의상 사회통합모델에 따라 전체 속에 통합된다. 다양한 유럽 국가에서 관찰할 수 있는 이민자 통합정책, 최저생계비 정책, 빈곤투쟁에 대한 국가별 수렴-적용(역주: 원문에서는 'convergence(수렴)'로 표시되었지만 문맥의 의미상 '적용(application)'의 의미를 가미했음)은 국가적 특수성을 버리지 않았다. 이러한 수렴-적용은 한계를 포함한다. 비록 그것이 동일한 민주주의 역동성을 인식하고, 유럽 기관들의 공통된 법체계에 종속된다고 할지라도, 수렴-적용의 과정은 국가별 특수성을 존속시킨다.

또한 '가치'에 대해 분석했던 유럽 조사와 세계적 조사가 그것을 확인시켰다.[24] 세계화가 그 자체로 모든 사회에 공통된 가치들을 유발할지라도, 상호적으로 영향력을 행사하는 경제적 변화와 문화적 변화, 다양한 사회들의 가치와 정치적 관계로 인해 서로서로가 차별적

---

24) Hélène Riffault, «L'évolution des valeurs des Européens», *Futuribles*, numéro spécial 200, juillet – Août 1995.

으로 유지된다. 소위 포스터 모던의 가치 – 로널드 잉글하트(Ronald Inglehart)의 표현에 따르면 '생존'의 가치보다 '행복'에 대한 가치, '전통적' 가치보다 '합리적 - 합법적' 가치관 – 들을 지향하는 대중적이고 일반적인 운동은 부유한 사회와 민주주의 사회에서 저항할 수 없어 보이지만 국가적 특수성은 강력하게 유지된다. 특히 종교적 전통의 결과들은 비록 전통적 종교의 실천이 사라졌다고 할지라도 지속된다. 역사의 영향은 강하게 남는다. 종교적 실천의 개인주의화는 유럽의 가장 비종교적인 국가에서조차, 정치적 삶의 스타일, 민족문제에 대한 공적 논쟁, 정부와 개인의 책임성에 대한 정의, 시민권에 대한 개념, 가족적 연대에 의해 채택된 형태, 예절의 규칙, 금전적 관계의 규칙들과 관련해, 종교 문화의 침투가 여전히 강력하다는 것을 보여주는 것이다. 연구자들은 기독교 전통의 북유럽과 가톨릭 전통의 남유럽의 대조를 통해 확인하였다. '주어진 사회에 대한 가치들은 확산된 […] 역사적 전통을 본질적으로 중요시한다. 현대 사회의 가치들은 모든 역사적 경험을 중요시한다.'[25] 공산주의와 식민주의 제국에서 사회화되었던 개인들은 역사적 경험으로 지속적으로 나타나는 반면 아메리카와 아프리카 식민제국, 그리고 소비에트 제국은 더 이상 존재하지 않는다.

그러므로 공적 행위의 핵심인 사회정책 분석은 각 국가사회의 특수성에 대한 실례를 제공한다. 여기서 우리는 복지국가에 의해 채택된 일반적인 형태, 노인문제, 빈곤투쟁, 이민자 자녀들의 통합정책 등에 관한 몇 가지 내용을 간단하게 짚어 본다.

요스타 에스핑-안데르센(Gosta Esping-Andersen)은 복지국가의 세 가

---

25) R.Inglehart, «Choc des civilisations…», article cité, p.34 et 46.

지 유형이 존재한다고 생각하고 그것을 발전시켰다.[26] 그는 '자유주의' 제도(미국, 캐나다, 오스트레일리아가 해당된다), '정부 조합주의(보수 조합주의)' 제도(독일, 오스트리아, 프랑스, 이탈리아의 경우이다), '사회 민주주의' 제도(스칸디나비아 국가들이 가장 좋은 예이다)로 복지국가의 유형을 구별한다. 그런데 그는 1970년에 티트머스(Titmuss)에 의해 이미 제안되었던 유형인 *사회 정책의 잔여적 복지모델*(*residual welfare model of social policy*), *산업 달성―수행 모델*(*industrial achievement―performance model*)과 *제도적 재분배 모델*(*institutional redistributive model*)[27]을 다른 용어를 사용하여 선택했을 뿐이었다. 티트머스(Titmuss) 이후, 퍼니스(Furniss)와 틸튼(Tilton)도 같은 내용이지만 다른 용어 속에서 '적극적 국가(positive state)', '사회보장 국가(social security state)', '사회 복지국가(social welfare state)'로 구별하였다.[28] 만약 유형학이 비판을 받았을 때조차 에스핑-안데르센의 구별 유형이 매우 일반적으로 받아들여졌다면, 그것이 다양한 복지국가를 구분하는 차이점을 이해할 수 있는 데 기여했기 때문이다. 결론적으로 각각의 복지국가는 가족, 시장, 국가 간의 고유한 절합, 즉 국가사회 형성의 역사와 관련된 절합으로 특징지어진다.

각각의 국가적 차이는 권리와 '권리자'에 대한 정의, 양도(讓渡)의 규모, 사회 계층으로 결정된다. 에스핑-안데르센에 의하면 세 가지 요소에 의해 본질적인 차이가 발생한다. 그것은 계층 결집의 성격(특히

---

26) Gosta Esping―Andersen, *The Three Worlds of Welfare Capitalism*, Cambridge, Polity Press, 1990. 이 책이 출판된 이후, 몇몇 연구자들은 남부 유럽 국가의 다른 복지국가 형태를 소개하였다.

27) Richard Titmuss, *Social Policy*, Londres, Allen and Unwin, 1974.

28) Norman Furniss et Timothy A. Tilton, *The Case for the Welfare State. From Social Security to Social Equality*, Bloomington, Indiana University Press, 1977.

노동자 계층), 농촌 경제에서 중간계층 사회로 전이하는 과정 동안 계층연합의 구조, 정치적 제도의 제도화 방식계승이다. '자유주의' 제도의 중간 계층은 시장과 관계된다. '조합주의' 제도의 사회 보험은 복지 국가에 중간 계층의 가담을 공고히 하였다. 스칸디나비아의 사회 민주주의 성공은 전통적인 노동자 계층의 가담과 '화이트칼라'의 새로운 계층의 가담이 보장된 복지국가의 건립과 밀접하게 관련되었다. 복지국가는 경제적 개발의 이차적 결과일 뿐만이 아니라 그에 의하면 근대 사회를 이해하고 미래사회의 발전을 예측하는 데 가장 강력한 '사회적 매커니즘'을 구성한다. 복지국가는 국가 역사를 통해서 구성되었고, 특정 국가사회에서 고용의 특징, 사회분쟁 역사, 정치형태의 설립과 관련되어 있다.

노인 정책을 분석할 때 우리는 국가적 특수성을 재발견한다. 모든 유럽 국가에서는 자신들의 집에서 노인들을 돌보려고 하고, 사회적·의학적 필요를 개별적 방식으로 측정하려고 한다. 그러나 필요에 대한 조치와 필요를 만족시키는 방식은 가족과 사회보장기관의 관계에 따라 다양하고 서로에게 부여된 역할에 따라 변화한다. 노인들에 대한 책임은 우선적으로 가족에게 있거나 공동체에 이양되기 때문에 현금급여금과 현물급여금의 분배가 다르다. 현물급여 우선은 사회 민주주의 영향을 받은 개념과 관련되어 있고, 가족과 독립적으로, 공동체적 연대의 개인권리에서 성립한다. 현금급여 우선은 가족적 연대 개념과 관련된다. 예를 들어 스웨덴의 정책은 공동체가 의존적인 사람들을 직접적으로 책임지기 위해서 현금급여를 삭제하였다. 반면, 자녀의 부양 의무는 스페인에서 강력하게 유지되고 자녀 수입이 공공부조금을 결정하는 데 고려된다. 이것은 스웨덴과 영국의 경우와 상이하다. 프랑스, 이탈리아, 독일은 중간적 입장에 해당하는데 사회조직체의 분담금을 책정하기 위해 가족소득이 부분적으로 고려된다. 가장 일반적으로, 노인 부양의무와 가족적 연대는 남유럽 국가에서 (특히 스페인) 본질적으로 유지되는 반면 가장 완벽한 사회 민주주의 프로젝트를 구현하는 스웨덴의 경우, 가족은 어떠한 의무에도 종속되지 않으며, 정부가 사회재분배 제도를 통해 노인부양에 대한 완전한 책임을 진다.[29]

빈곤투쟁 프로그램의 비교 분석은 결과에 대한 일반화를 가능하도록 한다. 분석결과는 시장 관계, 가족적 연대, 정부, 지방 권력, 사립 기관들의 개입이 어떻게 유럽의 각 개별 국가에서 특별한 방식으로 구성되는지 보여준다.[30] EFFNATIS 이민자 자녀들의 통합정책 조사를 통해 빈곤자 정책을 볼 수 있었던 것처럼, 유럽의 주요 국가-프랑스, 영국, 독일, 이탈리아, 스페인, 네덜란드-가 실시하고 있는 빈곤자들에 대한 정책내용은 수렴-적용의 최근 요소들을 보여주었다. 수렴-적용의 원인은 복지 민주주의 국가 발전의 강요와 유럽기관의 결정사항을 점진적으로 국가 정부에 강요하는 유럽기관의 활동에서 찾을 수 있다.[31] 거의 모든 유럽 국가는 가장 빈곤한 사람들을 위한 최저 수입을 마련하고 있다. 정책 책임자들은 수혜자 스스로가 실패를 인정하여 그들의 사기를 떨어뜨릴 수 있는 사회보장의 왜곡된 결과를

---

29) Laurence Assous et Pierre Ralle, «La prise en charge des personnes âgées dépendantes en Allemagne, Espagne, France, Italie, Royaume-Uni et Suède : une étude de cas types», ministère des Affaires sociales, du Travail et de la Solidarité, DARESS, *Etudes et résultats*, n° 176, juin 2002.

30) 이어지는 단락은 세르쥬 포감(Serge Paugam)의 연구와 직접적으로 관련된다. Cf., en particulier, Serge Paugam(dir.), *L'Europe face à la pauvreté. Les expériences nationales de revenu minimum*, Paris, La Documentation française, «Cahier travail et emploi», 1999.

31) 참고, La recommandation du Conseil des Communautés européennes du 24 juin 1992(92/ 441/ CEE).

직시하고, 사회보장대상자들이 지원에서 벗어나도록 돕고, 자신들의 노력으로 인생의 운명을 개척하는 용기를 북돋워 주는 목적으로 '적극적인' 수단으로서 최저수입을 지원한다. 그들은 '수동적인' 보조 제도에서 '적극적인' 보조 제도로 전환하고자 노력한다. 1988년에 제정된 프랑스 사회편입 최저수입(RMI, Revenu Minimum d'Insertion)은 이러한 정책 중 하나이다. 보조금은 사회 편입 프로젝트와 동반되었다. 2003년 새로운 법은 최저*직업활동소득*(RMA, Revenu minimum *d'activité*)을 만들고 직업 활동에 대한 필요성을 더욱 강조하였다. 마찬가지로 1992년 네덜란드의 새로운 법률은 최저수입과 사회편입 활동의 관계를 강화하였다. 빈곤정책은 점차적으로 국가적 수준에서보다 오히려 지역적 수준에서 주도된다.

수렴-적용의 요소들은 국가적 특수성을 존속하게 한다. 세르쥬 포감(Serge Paugam)은 최저수입을 근거로 빈곤을 다루는 방식의 차이에 대한 네 가지 주요 요소를 구분하였다. 1. 정부, 지방 권력, 구호 단체들의 책임 공유. 특정 국가에서는 정부가 국가원조에 대한 일반 프로그램의 정의를 담당하는 주체이지만 다른 국가에서는 지방단위가 원조의 관리를 담당하고, 때때로 원조 프로그램의 정의를 규정한다. 2. 원조 대상에 대한 행정적 정의. 특정 국가에서는 원조 대상이 행정적 기준이 되는데, 가장 흔히 금액에 근거하여 규정된다. 반면 다른 국가에서는 원조를 제공하는 데 합당하다고 여겨지는 빈곤 상황에 있는 사회적 카테고리에 근거하여 규정된다. 3. 필요와 지위의 논리에 근거한 원조의 정의. 필요의 논리에 근거하는 경우, 가장 빈곤한 사람들에게 기본적인 필요를 충족시키는 수단을 제공함으로써 그들의 생존을 보장하는 데 목적이 있다. 지위에 근거하는 경우, 일자리를 가진 사람들의 특권과 상관없이, 사회 정의의 이름으로 원조 대상자들을 돕는 데 목적이 있다. 4. 마지막으로 개입 방식이 다소 관료적이고 주관적인 논리를 따른다.[32]

이러한 다양한 기준에 근거하여 유럽의 각 국가는 정치 역사와 빈곤에 대한 정의에 따라 원조 조치가 다르게 나타난다. 프랑스와 영국의 원조는, 최근 정부가 주저 없이 지방 권력에 국가적 단위에서 채택한 조치를 관리하도록 위임하는 경향이 있지만, 근본적으로 정부가 역할을 담당한다. 예컨대, 프랑스의 경우, 사회편입 최저수입(RMI)과 개인별자립수당(APA, Allocation Personnalisée d'Autonomie) 등 많은 사회적 조치는 지방 단위에서 관리된다. 그럼에도 불구하고 정부는 중요한 역할을 한다. 정부는 가장 빈곤한 이들에게 원조를 해야 한다는 의무를 실현하고 국가제도를 기반으로 한 사회적 결합을 강화하려는 공동체적 야망을 가지고, 법을 제정하고 의결한다. 가난한 이들을 위한 개입은 관료적 형태를 띠며, 행정 분류를 통해 원조를 받는 이들의 권리를 규정한다. 구호 단체들은 그들의 활동을 정부와의 관계 속에서 규정하고, 보조금을 요구하고, 공권력에 대항하는 압력 단체로서 작용한다. 영국의 정책은 빈곤투쟁의 정책이 정부활동을 나타낸다는 점에 기초한다. 최저수입 확보는 행정적 기준에 의해 보장된다. 빈곤투쟁 체제는 빈곤대책 법(1601년 최초)의 오랜 역사에 영향을 받아, 베버리지(Beveridge)의 표현대로, 기본적 필요를 충당시키고 중대한 사회적 위험(빈곤, 병, 장애, 노쇠)을 보완할 수 있는 최저수입이 사회의 모든 구성원들의 보편적 권리 개념이 되어 표시되고 유지된다. 이러면서, 최저수입은 특정 카테고리에게 해당되는 것이 아니라, 초래될

---

32) S. Paugam, *L'Europe face…*, *op.cit.*, pp.13~41.

위험이 무엇이든, 카테고리화된 최소생계비 차이별로(최저 연금, 장애인 연금, 장애인들에 대한 수당금, 독거 부모에 대한 보조금, 사별한 여자들에 대한 보조금, 사회편입 수당금, 사회통합 최저수입……) 프랑스 전체 인구에 해당된다. 특히나 가난한 사람들에게 주어진 도움에 대한 왜곡된 결과에 민감한 영국인들은 가난한 이들이 보조에 너무도 의존적이게 되는 것을 피하려는 조치와, 노동시장에 그들의 진입을 유리하게 하는 조치를 우선시한다. 통치자들은 그들의 정치적 성향이 무엇이든 '수동적' 복*지제도(welfare)*의 조치가 아닌 '적극적' *근로복지제도(workfare)*의 조치들을 부추긴다.

한편, 독일에서는, 네덜란드에서와 마찬가지로, 빈곤투쟁 정책이ㅡ연방 국가를 구성하는 부가적 권한이 우선한다는 원칙(principe de subsidiarité)으로 사립 기관들이 중요한 역할을 담당ㅡ 지방권력의 영향 아래 있다. 독일 연방주의자들은 사회정책 속에서 진정한 자율성을 가진다. 그러므로 프랑스와 영국보다 독일의 개입은 더욱 개인주의적이고 주관적이고 덜 관료적이다. 사회보장 연방법은 최저수입할당이 '개별적 경우의 특성'에 따를 것을 강조한다. 남부 지역의 빈곤대책은 최근에 생겨났으며, 지역 간 사회적 불평등은 강하게 남아 있다. 지방 권력의 책임 속에서 이루어지는 빈곤자들에 대한 우호적인 개입은 주로 대중적 인기를 위한 전략적 성격이 있다. 한편, 가난한 이들은 마치 그들이 과거에 통합을 경험했던 것처럼 사회적 삶에 통합되어 유지되고, 가장 오래전부터 복지국가가 성립되었던 북유럽 국가의 가난한 사람들에 비해 수치감을 덜 느낀다.

국가별 비교 분석은 예컨대 실업 경험에 대한 일반적인 상황의 결과를 확인시켜 준다.[33] 각 국가마다 독특하게 마련하고 있는 사회복지 제도와 그것이 함축하고 있는 사상, 가족적·사회적 사회성의 형태, 노동시장의 특징은 다양한 경험을 결정짓는다. 실업으로 인한 사회적 소외의 위험은 복지국가의 사회보장 수준, 실업자의 상황에 대한 사회적 낙인과 인식, 가족 유대의 긴밀성에 따라서 동일하지 않다. 남유럽 국가의 경우, 재정적이고 정신적인 기능을 행사하는 가족 연대감은 강력하게 유지되고, 실업자는 상황에 대한 책임자로 여겨지거나 주변인들로부터 비난을 받지 않고 언제나 그가 속한 사회부류에 통합된다. 최근에 복지정부가 성립된 국가의 경우 사회적 양도는 높으나 사회보장제도의 발달이 가족적 연대감의 상대적 약화를 동반하였고—예를 들어 벨기에, 독일, 프랑스—, 실업에서 발생된 상대적 빈곤이 고립감, 수치감, 사회적 소외 현상으로 강화된다.

유럽 국가에서 실시된 이민자 자녀들에 대한 통합정책 연구는 이러한 분석을 입증한다.[34] 수렴-적용은 즉각적으로 나타난다. 유럽의 모든 국가들은 같은 민주주의 가치에 동조하고 인간 권리를 엄수한다. 그들은 동일한 유럽 규약에 복종된다. 모든 국가에서 이민자들은 단어의 협의로 정치적 권리를 제외하고(선거권과 정치공직에 선출되는 권리) 자국민들과 같은 권리를 소유한다. 노동시장에 진입하는 데 법률적 장벽은 존재하지 않는다. 그들은 가족을 이민국으로 초청하고, 교육, 공공 주택, 교육, 사회보장제도와 같은 모든 복지 민주주의의 제도에 접근할 수 있는 권리를 가지고 있다. 유럽의 지도부들은 차별화의 모든 형태들에 대항한 투쟁을 강요한다. 암스테르담 조약은

---

33) Duncan Gallie et Serge Paugam(dir.), *Welfare Regimes and the Experience of Unemployment*, Oxford University Press, 2000, pp.351~373.

34) Friedrich Heckmann et Dominique Schnapper(dir.), *The Intergration of Immigrants in European Societies. National Differences and Trends of Convergence*, Stuttgart, Lucius& Lucius, 2003.

공동 이민정책 제정과 비호권에 대한 동일한 규칙을 협정한다. 1980년대와 1990년대를 통해 모든 유럽 국가에서 이루어진 국적법 변경은 이민자 아이들에게 속지주의 원칙에 근거한 현지국적을 허락하도록 하였다. 귀화는 절차의 공인이 아니라 점점 더 통합의 수단으로 여겨진다.

개별주의 정책도 수렴-적용하는 경향이 있다. '공동체(communautés)'를 인정한 국가이자 다문화주의가 오랫동안 새로운 영국 시민들의 문화적 다양성을 이해하는 데 최고의 해답이 되었던 영국은 통합되었던 것처럼 보였던 영국의 젊은이들이 위험한 살인자가 되었다는 것을 폭로한 2005년 7월 런던 테러 이후, 그들은 그들의 정책에 의문을 가지게 된다. 네덜란드 역시, 몇 년 전부터, 안타깝게도 이와 동일한 정책 점검을 시작하였다. 유럽의 모든 국가들은 통합정책에 찬성하였고 다문화주의 인식이 모든 문화적 전통을 인정하는 관용의 지적 태도가 되었다. 대학 진입, 주거 확보, 일자리 획득에 있어 절대적 쿼타 제도를 만들면서 어떠한 국가도 엄격한 의미의 '긍정적 차별화'에 대한 대책을 세우지 않는다.

교육정책 역시 점점 수렴-적용된다. 만약 프랑스인들이 보편적 가치와 보편적 실천에 호의적인 담론을 중시한다면, 그들은 혜택을 받지 못하는 특정 인구들을 대상으로 특별 대책을 마련한다. 독일, 스웨덴, 영국의 교육정책 담론은 개별 정체성의 가치를 강조하지만 실제 교육은 지식과 시민권에 대한 보편적인 가치에 근거하고 있다. 다문화주의 담론이 가장 확산된 국가에서는(스웨덴, 네덜란드) 무엇보다도 이민자들의 아이들에게 그들이 정착한 사회에 참여하는 수단을—노동시장에 진입시키기 위해 현지 언어 구사능력과 과학적이고 기술적인 능력을 중요시한다— 제공하는 데 노력한다. 만약 이민자 아이들이 우선적으로 통합되어야만 한다는 것을 인지하거나 무엇보다도 교육에 의해 강화된 국가적 동일화를 이해해야만 하는 것을 안다면 1980~1990년대를 통해 연구자들과 국가 및 국외 교육기관을 흥분시킨 논쟁은 폐지될 것이다. 이러한 수렴-적용의 과정에도 불구하고 유럽의 통합정책은 교육 제도의 실천, 정부활동의 중앙 권력적 성격, 국가와 민주주의 개념, 복지제도의 전통, 국가 역사의 형태에 의해 강력하게 조건화되어 있다. 프랑스 보편주의와 정부주의, 영국과 네덜란드의 다문화주의, 독일·스웨덴·핀란드의 사회 민주주의는 통합 과정에 다양한 형태를 제공한다. 우리는 이민자 자녀들의 통합 과정에서 모든 개별적 인구들의 통합 과정과 마찬가지로, 국가 통합의 개별성, 즉 각 국가사회에 특별한 정책적 통합 형태들을 재발견한다. 모든 민주주의 국가들은 복지국가이지만 동일한 복지국가는 아니다. 예를 들어 독일의 교육 제도는 고등교육기관의 입학을 제한하는 반면, 프랑스 교육 제도는 수많은 사람들에게 개방한다. 네덜란드의 많은 제도들은, 비록 약화되었을지언정, 가톨릭, 기독교, 사회주의 '중심'의 논리 속에 근거하고 정치적·사회적 삶을 이룬다. 이민자들이 모든 제도에 참여하기 때문에 그들의 통합 과정은 개별 정착사회의 제도가 취하고 있는 특별한 형태에 직접적으로 의존한다. 환기하자면, **EFFNATIS** 조사는 국가적 맥락이 변화들의 가장 큰 부분을 설명한다고 하였다. 국가적 현상은 강력하게 유지된다.

공동체화의 위험

만약 사회의 성장분야가 '복지적'이 된다면, 즉 복지국가의 다양한 개입과 직접적으로 연결되는 분야라면, 그것은 불가피한 관료주의화를 맞이한다. 공무원, 사회복지사, 평가자들은 새로운 공공정책을 적용하기 위해 협력한다. 그래서 줄리앙 다몽(Julien Damon)은 주거지가 없는 사람들(SDF)을 책임지는 정책에 대해 '군사적 - 산업적 복합'의 형식이 변형된 '관료적 - 보조적 복합'의 형식이라고 할 수 있었다.[35] 또한 우리는 예컨대 각각의 새로운 문화체육 정책으로 생기는 사회 부류를 규정하는 데 있어 '관료적 - 문화적 복합' 혹은 '관료적 - 체육 복합' 형식이라고 할 수 있었다. 반대로 제정된 통합정책은 '관료적 - 통합적 복합'을 유발하는 데 부족함이 없다. 이러한 '복합'은 고객들이나 '목표대상(cibles)'(행정 용어에 의하면) 공무원, 사회복지가, 문화요원(복지가), 체육요원(복지가), 모든 분야의 전문가, 새로운 조치를 실행하는 데 책임을 지는 다양한 관리자들로 언제나 구성되고, 특별 정책의 결과를 고려하고 정책을 평가하는 데 심혈을 기울이는 언론인들과 사회학자들로 언제나 구성된다. 교차관계와 공통된 이해관계로 모인 모든 통일체로 구성된다.

그러나 근본적인 위험은 사회적 개입 정부가 언제나 다양한 집단의 특성을 고려하면서 특별한 방식으로 개입한다는 사실보다 불가피하게 발생하는 관료주의화에 덜 주의한다는 것이다 — 모든 공공자원의 이동은 공권력의 통제에 따라 관리될 뿐이다 —. 정부는 한계가 없

---

35) Julien Damon, La question SDF. *Critique d'une action publique*, Paris, PUF, «le lien social», 2003, p.177 et suiv.

는 필요와 요구를 충족하려는－경제적 질서, 사회적 삶의 질서, 문화적 질서 속에서－ 개인들의 증가하는 요구에 화답한다. 증가하는 정부의 개입은, 언제나 더욱 섬세하고 정확한 방식으로, 정책에 의해 결정되는 인구 카테고리의 개별 특수성을 고려한다. 모든 새로운 조치는 특수한 집단의 요구에 화답하고, 집단의 존재를 강화하는 경향이 있다. '복지' 활동은 사회적 관계를 특성화시키고 이러한 특수성의 실재를 인정하는 결과를 양산한다.

따라서 우리는 무엇이 대도시 지역의 '민족화' 혹은 '공동체화(communautari-sation)'로서 인식되는지에 대한 동향을 관찰한다. 달리 말해, 사회적·지리적 유동성의 맥락에 반대되고, 근대 민주주의 사회에 맞는 일반화된 교환의 가능성에 반대되는, 개별적 기준으로 정체성이 퇴행되는 경향－비록 분석결과는 개별적 기준이 융합적임을 보여주지만－을 살핀다. 마그레브 이민자 자녀들의 사회적 노동은 점차적으로 사회복지가들보다 이슬람 사원의 책임자들에게 맡겨진다. 개별적 정체성의 정립은 '민족적' 동일화가 아닌('포르투갈인들', '모로코인들'), 주로 영토의 동일화와 관련되어 있지만('발자크 도시(la cité Balzac)', '마르세이유(Marseille)'), 국가사회보다 우선적으로 나타난다. 사회가 '복지적'이 되면 될수록, 개인들은 그들의 개별적 권리와 정체성이 더욱 인식되기를 주장한다. 만약 이민자와 그들 아이들의 정체성 퇴행의 행로가 좀 더 자주 (사회적으로) 환기된다면 그것은 복지사회 고유의 '공동체화'로 발생되는 일반적 경향의 예일 뿐이다－비록 이민자와 그들 아이들의 경우가 사회적으로 가장 가시적일지라도－. 우리는 이민자 후세대 연구에 대한 핵심적 결과를 이해한다. 민주주의 역동성은 이민자 자녀들이 다른 집단들과 마찬가지로 민주주의 개인이 되는 데 효율적이었지만, 정책 프로젝트의 약화와 민주주의 사회가 제공하는 불만족은 그들을 정치와 국가 속에서 (여전히 다른 집단보다 덜) 동일화시키지 못한다. 좀 더 명확한 방식으로 그것은 복지 민주주의의 진실을 드러내게 할 뿐이다. 이것이 어떤 사람들이, 때때로 재미삼아, '부족들의 귀환'이라고 부르는 것이다.

공간적 분리는 공동체화 과정에 영향을 미친다. 조르쥬 펠루지(Georges Felouzis)의 조사는 2000~2001년 보르도(Bordeaux) 교육청 중학생 중 마그레브, 아프리카, 터키지역에서 온 이민자 자녀들의 수가 전체 학생들의 4.7%를 차지하였음을 보여주었다. 10%의 중학교만이 40%가량의 이민자 자녀를 받아들였으며 17개 중학교가 20%와 40% 정도의 이민자 자녀들을 받아들였다. 반대로 81개 학교에서 1% 이하만을 취학시켰다는 결과를 보여주었다. 민족적 분리는 사회적 분리보다 더욱 강력하다.[36] 이민자 자녀들의 밀집은 지역 내 은둔과 소외화 과정을 양산하고 그들의 언어와 몸가짐이 도시(cité) 밖 사회적 삶에 참여하는데 장애가 되는 표시가 된다. 중심 밖의 공간 속에서의 은둔은 마침내 고용과 주거의 문제에서 이민자 자녀들에 대한 차별화로 강화된다. 그래서 빗나가고 원망하는 과정의 악순환이 시작된다.

도시의 게또는 직업적 소외화와 출신민족의 효과가 결합되어 나타나는 인구 소외 현상의 원인이자 표시가 되었다. 이러한 장애의 반복은 일부 이민자 후세대들에 대한 통합의 실패로 드러난다. 의심할 여지없이 이것은 소수에 관련되고, 이민자 아이들의 다수는 정착 사회에 통합되지만, 이러한 소수는 강력한 상징적 가치를 가진다. 2005년 11

---

36) Georges Felouzis, «La ségrégation ethnique au collège et ses conséquences», *Revue française de sociologie*, 44 - 3, 2003, pp.413~447.

월 폭동 이전부터, 오랫동안 사회학자의 역할을 맡았던 교사들과 사회
복지사들은 전승된 전통문화가 파괴되고, 학교가 담당하던 교육문화
와 사회화가 획득되지 않은, 할 일 없고, 해체된, 청소년 집단의 존재
를 관찰했다. 명백하게 증오와 감정으로 뭉쳐진 이들은 타인과 제도를
향해 폭력적인 저항을 표시했다. 도시 내부에서 일어나는 폭력적 남성
우월주의의 귀환은 그것의 가장 명백한 표시 중 하나이다. 비록 이민
자 후세대들 사이에서 그들이 소수일지라도, 이러한 집단을 구성하는
청소년 대부분은 이민자 후세대들이다. 이들은 더욱 가시적인데 왜냐
하면 가장 명백한 그들의 특성을 의도적으로 강화하면서 그들의 공격
성을 표명하기 때문이다. 민주주의 질서는 '가시성'에 근거한다. 우리
는 그들에게서 1970년대 범죄 사회학자들이 묘사한 특징을 발견한다.
실리적이지 않고, 부정적이고 공격적이고 단기간에 쾌락주의로 점철
된, 범죄 청소년들의 하위문화, 그것은 지배적인 문화에 의해 영감을
받지만 자발적으로 그 의미를 변화시킨다. 분출되는 폭력은 중간계층
의 가치세계에 진입하는 데 필요한 수단을 가지지 않은 하류계층 자
녀들이 느끼는 좌절감을 표출하는 것이다. 그것은 사회통합의 실패에
대한 반영이다.

2005년 11월 폭동사태는 사회통합의 실패를 드러내었고 논쟁에 불
을 지폈다. 우선 이민자 후세대들은 하류계층들의 모든 젊은이들과
마찬가지로 프랑스 사회의 경제적·사회적·정치적 위기의 아이들
이다. 그들은 하류계층의 젊은이들 중 첫 번째 희생자 카테고리에 속
한다. 30년 이전부터 공동체의 선택은 암묵적으로 청년들을 희생시키
며 연장자를 우선하였고,[37] 민간 분야의 노동자들을 희생시키며 공

---

37) 세대 간 불평등과 청년층에 대한 프랑스 사회현상에 대해서 루이 쇼벨(Louis Chauvel)의 책을 참고할 수

공 서비스의 노동자들을 우선하였다. 환기하자면, 일반적으로 전체 프랑스 인구의 실업률은 10%이고, 16세에서 24세 젊은이들의 청년 실업률은 20% 이상이다. 젊은이들 중 이민자들의 후세대일 경우, 실업률은 40% 이상이 된다. 50대와 30대 사이의 수입의 격차는 1970년대에 15%에서 오늘날 40%가 되었다. 드니 올리벤느(Denis Olivennes)의 충격적인 표현을 빌리자면 모든 것은 마치 프랑스가 '실업을 선호'하는 것으로 특징지어졌던 것처럼 진행된다.[38] 사실상, 실업 특히 청년실업은 조절변수로 사용된다. 사회적 계약은 고용에 불리한 암묵적 합의에 이르렀다. 노조는 노동자의 이해관계를 대변하고, 관리자들은 실업자에 대한 대책 없이 기업 내부의 사회적 화합을 주도하고, 정부는 사회적 파트너와 대화하고 사회보호대상자와 노동자로 구성된 선거에 의존한다. 실업자들의 이해관계는 어느 누구에게도 보장되지 않고, 복지국가의 증가된 사회보장은 단기간에 실업의 가장 드라마틱한 수치를 경감시키면서 모두에게 좋은 인식을 준다.

소수 이민자 후세대들의 소외화 현상과 일반적으로 공통된 시민권을 통한 개별주의 극복의 약화로 동일화의 정립과 개별적 기억(역사)의 표명들이 그때부터 더욱 자유롭게 공적 영역에서 표현된다. '전통적인' 시민권에서 개인 각각은 그들의 신앙에 충실하여 자유로웠고, 사적 영역 내에서 개별적 역사에 충실하여 자유로웠지만, 공적 영역은 모두에게 해당하는 공통된 시민권의 장소였다. 오늘날, 그곳은 개별적 정체성을 표현하는 장소가 되었다. 2001년 1월 29일에 공표한

있다. Louis Chauvel, *Le destion des générations. Structure sociale et cohortes en France au XXe siècle*, Paris, PUF, «Le lien social», 1998.

38) Denis Olivennes, «La préférence française pour le chômage», dans Patrice Bourdelais et al., *Etat-Providence. Arguments pour une réforme*, Paris, Gallimard, «Le Débat», 1996, p.173.

법률로 인해 '프랑스는 1915년 아르메니안 민족말살을 공식적으로 인정한다.' 도시의 기념물은 수많은 아르메니아 출신 프랑스인들이 존재했음을 알리고, 공권력에 대항한 조부모들의 비극적 운명을 공식적으로 인정하라는 요구와 시대의 기억을 담고 있다. 2001년 5월 21일 법에 의거해, '프랑스 공화국은 대서양 횡단의 노예매매 계약과 인도양 조약, 15세기부터 아프리카인들, 아메리칸 인디언들, 마다가스카르인들, 인도인들을 대상으로 인도양과 유럽에서 미국인들에게, 카라이브인들에게 행한 노예제도가 인류에 대한 범죄라는 것을 인정한다.' 2006년 설립된 흑인연합대표위원회(CRAN, Conseil représentatif des associations noires)는 관련자들의 현재와 과거의 불행을 증명하는 데 목적이 있었다. '희생자들의 노력'은 그들의 정체성과 기억(역사)에 대한 증명으로 이루어진다.

공적 영역 내부에서 증가하는 다양한 집단의 개별성 출현은 새로운 자유에 대한 기회들을 제공한다. 개별성은 국가적 기억을 더욱 광범위하고 정당하게 쇄신할 수 있다. 이것은 우리가 '공동체주의(communautarisme)'로 규정하는 것을 필연적으로 야기하지 않는다. 달리 말해, 집단을 넘어서, 더 큰 사회의 구성원들과 그들의 공동의식과 그들의 관계를 희생시키는, 개별 집단에 개인들을 가두는 것을 야기하지 않는다. 만약 특수한 기억에 대한 집착이―'아랍', '아르메니안', '유대인', '무슬림', '아프리카인', '코르시카인', '브르통' 혹은 '흑인'들의 기억― 공통의 시민권이 강요하는 의무와 권리의 엄수보다 우선한다면, 그것은 이러한 경우에 해당할 것이다. 이와 경우, '공동체'끼리 폭력적일 수 있는 경쟁과 대립을 통제하기 위한 합법적인 원칙이 더 이상 존재하지 않을 것이다. 그런데 소위 공화주의적 가치, 달리 말해 개별 집단들의 정체성을 초월할 수 있는 공통된 정치적 가치, 의 쇠락이 동일한 정치적 규범 세계를 공유한다는 의식을 조장하지 않는다는 것은 틀림없다. 이것은 '공동체' 간의 대립이 전개되는 위험을 포함한다. 따라서 즉각적이고 개별적인 이해관계의 방어는 민족적 동일화로 강화되고 심각해질 것이다. 개별주의에 대한 요구는 그것 자체로 어떠한 한계를 포함하지 않는다. 이는 사회적 구조에 의해 지탱될 수밖에 없는 교환이다. 소속집단 내부의 교환에 제한되는 것은 즉각적이고 용이하며, 이것이 공통된 제도에 의해 고무되어 다른 사람들에 대한 개방으로 나타난다. 만약 정부가 개별적 집단에 해당하는 개별적 요구에 대답하는 것이 민주주의적 야망이라고 한다면—정부가 과거에 그러했던 것처럼 오히려 예외 없이 요구를 거절하는 것보다— 그것은 개별주의자들을 원조하고 구성하는 역할이 아닌가? 정부의 본질적 기능이 개인 각각에게 공통된 삶에 참여하는 수단을 제공하는 것이 아닌가? 민주주의 사회는 합법적인 개별적 이해를 넘어서, 시민권의 실천과 시민권이 강조하는 보편적 가치로 개인 각각이 타인들을 인식하고 만날 수 있는 것을 의미한다.

따라서 무엇보다도 현대 민주주의에서 '정책'이라고 정의되는 것은 '사회'를 통해 모든 사람들이 함께 살아가는 방식을 구성하는 개념과 제도이다. 사회적 연대는 '정책적'이라기보다 오히려 점점 더 '사회적'이다. 사회적 정책은 국가의 고유성을 존속하게 하고 그들의 가치와 제도들에 관련된다. 빈곤 투쟁, 노인복지 혹은 이민자 후세대들의 통합은 국가 형태에 따라 성립된다. 가족, 시장, 공적 영역에서 구축된 모든 관계는 국가사회 형성의 역사와 분리될 수 없고 특히 개별주의에 대한 인식이나 정치적·종교적 관계, 과거로부터 계승된 연대의 형식과 분리될 수 없다. 유럽 국가 간 수렴-적용은 각 국가사회*의* 통합의 독특성을 제거하지 않았다. 그런데 모든 경우 공동체 삶의 '사회적' 행위에 부여된 특권은 위험을 포함한다. 복지 민주주의는 일반적인 이해관계를 희생하고 개인적 이해관계와 그들 고유의 '동일화'을 인정하면서 개인과 집단의 개별적 요구에 호의적이다. 민주주의 사회에서 이해관계는 공동 정책 프로젝트로 지지된다. 복지 민주주의의 비정치화와 구성원들의 행복에 대한 일방적 열망은 사회적 '비'통합의 위험을 내포한다.

결론

근대성이 도래하자 민주주의 사회의 사람들은 개인주의 사회의 통합 문제에 의문을 가졌다. 통합의 문제는 뒤르케임(Durkheim)에 의해 사회학적 단어 속에서 표현되었고 동일한 단어로 사용되든 그렇지 않든 세대를 통해 전승되어 왔다. 이처럼 세대를 통해 이루어진 연구들은 우리가 현대 사회의 특징인 통합 과정과 비통합 과정을 이해하도록 도와주고 있다.

연구자와 정치 관계자들이 사용하는 단어는 연구자들의 신중을 요구한다. 연구자들은, 이 단어가 사회학자들에 의해 사용되고 공적 삶에서 사회구성원 전체가 아닌 이민자와 그들 후세대를 언급하며 제한적으로 사용될 때, 단어의 과잉해석을 타당성 있게 비판한다. 연구자들은 이러한 단어가 정치적 용법에 관련되어 있고 사회학적 전통으로부터 계승된 의미를 감춘다는 타당성 있는 생각을 가진다. 한편, 그들은 그들의 작업이 비사회학자들에게 읽히는 방식에 무관심하지 않고 매체의 반응을 무시하지 않으며 때때로 통합의 공식 정책에 관대하지 않다. 그러므로 그들은 단어의 일상적인 용법을 따르지만 통합 대상들로부터 강력한 증오를 유발하는 방식의 단어 사용을 거부한다. 그런데 연구자들은 그들의 분석 속에서 이민자 후세대들에 대한 통합 과정과 더불어 통합 과정의 *전체*를 다루지 않을 수 없다. 사회학적 프로젝트는 사회 구성원의 출신과 특징이 무엇이든, 구체적 조사형태(역사적 증언, 통계자료, 심층면접, 질의응답 면접, 자유 면접, 자서전, 관찰, 참여관찰)를 다양화하면서, 모든 시민들을 통합하려는 민주주의 야망에 대한 가능성, 방법, 실패, 한계를 엄격하게 분석한다.

통합의 개념은 독립변수가 아닌 경험론적 연구를 지향하고 그것에 의미를 제공하려는 '지평 개념'의 맥락에서 유지될 수 있다. 다른 개념의 경우와 마찬가지로(예를 들어, 배제, 빈곤 혹은 동일화) 이 경우, 우선적으로, 연구자들은 사회적 삶의 단어를 거부해서는 안 될 것이다. 그들은 더욱더 야망 찬 근대적 표현으로 단어를 비판하고 '파괴하고' 그것을 사용하기 이전에 단어를 정의해야 한다.

우리는 1980~1990년대 출신배경이 다른 모든 사람들을 통합하는 데 우선을 두었던 사람들과 다문화주의 정책의 합당성을 환기시키는 다양한 문화적 제휴와 정책구성의 관계를 재정의하려는 사람들 사이에서 일어났던 다문화주의의 개념적 논쟁을 초월해야만 한다. 예컨대, 프랑스 정책은 '통합' 모델에 가장 근접하고 독일정책은 '다문화주의'에 가장 근접하게 보인다. 그런데 공공정책은 시민권과 복지국가의 사회보장을 통해 경제적 활동에 참여하는 모든 사람들을 통합하는 것을 목표로 삼을 수 있을 뿐이다. 어떤 민주주의 정부도 배제정책을 추진한다고 생각할 수 없을 것이다. 따라서 정책방식을 분석하는 것은 중요하다. 전통적으로 통합은 공민권으로 보장되는데 이것은 공적 영역과 사적 영역의 분별원칙으로 문화적 준거의 다양성과 필요한 정책 전반에서 발생하는 긴장을 해결하였다. 모든 인간들의 자유와 평등에 대한 가치를 의문시하지 않았던 오랜 기간 동안 문화적 실천은 사적 질서에서 자유로웠다. 보편적 성격을 띤 공적 분야는 모든 역사적·문화적 특수한 준거로부터 독립되어 있는 모든 사람들을 위한 평등의 장소였다. 오늘날 '정체성'의 요구가 공적 영역 내부에서 문화적·개인적·집단적 권리를 인식하게 함으로써 이 원칙을 재검토하게 하는 듯하다.

그런데 공공정책은 논쟁이 그것을 지적하는 것보다 사실에서는 다르게 전개된다. 공동체적 권리는 프랑스에서도, 독일에서도, 영국에서도 각 개별적 집단에 일치되지 않았다. 민주주의는 시민 각각의 평등에 근거하여 성립되었다. 비록 현실 정책이 출신에 따른 특정 집단에게 호의적·지리적·사회적─빈곤, 사회적 장애인─, 비민족적인 논거로 정당화될지라도, 실천적 현실에서 민주주의 역동성은 프랑스인들이 '긍정적 차별화'라는 현실정책을 채택하게 하였다. 정책 책임자들은 '우선교육지역(Z.E.P.)' 내에 성공적인 도시정책과 교육정책을 적용함으로써 특정 집단을 대상으로 하지 않고 사회의 소외화와 빈곤투쟁에 대한 일반적인 열망을 표명했다. 그러나 도시 공간에서 일어나는 특정 집단의 집중현상은 이와 같은 정책들이 우선적으로 이민자 후세대들에게 해당되었다는 결과를 가져왔다. 한편, 독일은 2000년 1월에 (법률적으로) 채택한 국적에 관한 새로운 권리를 비롯하여 외국인 출신 이민자에 대한 통합정책을 펼쳤다. '공동체'에 근거하면서 ─단어의 법률적 의미가 아닌 사회적 의미로─ 다문화주의 영향의 자유주의 정치를 전통적으로 고수하였던 영국인들과 네덜란드인들은 오늘날 이와 같은 정책의 결과에 의문을 가지고 근본적인 질문을 제기한다. 수렴-적용은 통합방식에서 특수성을 존속시키지만 민주주의 요구와 복지국가 발전은 모든 유럽 국가들이 공적 영역에서 개별적 주장을 통제하고 제한하면서 각각의 개별적 정체성을 인정하는 통합정책을 채택하도록 한다.

국가사회*에* 개별 집단들의 통합에 대한 모든 질문은 사회적 통합방식*에 대한* 분석으로 전이된다. 보편적인 역할로서 민주주의 사회는 부의 생산에 참여할 수 없는 사람들과 직업생활을 통해 사회적 교환에 참여할 수 없는 사람들의 사회적 실패를 보상할 의무가 있다. 소외된 계층들을 통합하는 정부의 개입은 민주주의 프로젝트의 일부가 된다. 그러나 이와 같은 희망되고 불가피한 정부정책은 경제활동인구와 생활보호대상자 사이의 단절을 유발하고, '정치적'이기보다 언제나 더욱 '사회적'인 사회적 연대의 성격을 바꾸면서, 적극적이고 책임 있는 계층보다 복지국가의 개입에 직접적으로 의존하는 카테고리를 한층 증가시키는 위험을 내포한다. 우리가 사람들을 결속시키는 연대를 단지 '사회적' 차원으로 한정시킬 수 있을까? 정치적인 것이 그 의미를 부여하지 않을까?

민주주의 사회에서 진정한 통합은 모든 개인들의 평등한 존엄성을 인식하는 데 근거할 뿐이다. 그런데 점진적으로 사회적 권리는 정치적 권리와 동등하게 나타나고 진보 사상가들 위주로 '경제적·사회적 시민권'은 근대 시민성의 진정한 형태로 진행된다. 우리는 물질적인 재화를 생산하고 재분배하는 데 있어 서양의 거대 민주주의의 특수한 정치적 가치보다 민주주의의 효율성을 우선한다. 만약 근대 민주주의의 합법성이 시민권의 보편성에 근거하고 복지 국가의 혜택에 근거한다면 개인들은 언제나 시민권을 희생하고서라도 복지국가의 혜택을 우선하는 경향이 있다. 그런데 물질적 충족만이 정치적 일치를 유지하는 데 필수불가결한 사람들의 연대를 보장하기에는 충분하지 않다. '권리자'는 시민들이 아니다. 경제적 질서 속에서 무엇인가 누구에게 주어진 것은 다른 사람들에 의해 제거된다. 경제적 경쟁관계는 사람들을 분리하고 정책 프로젝트가 통합하려고 시도했던 집단들의 경쟁을 부추긴다. 헤겔(Hegel)은 부르주아가 경제적·사회적 특수성 속에서 고정될 때, 개인이 시민으로서 국가에 결속되는 정치적 차원이 희생되기 때문에, 국가적 정체성이 쇠퇴된다는 것을 이미 파악했다.

한편, 모든 제도에 대한 비판, 전통과 강요된 규범에 대한 이론을 제기하는 방식으로 '진정성'을 확립하면서 '자기화'되려는 야망은 사회적 통합에 명백한 도전이 된다. 우리는 공동체 삶에 참여하는 개인들의 유연하고 유동적인 참여형태―첫눈에 확실히 무질서의 원천으로 보이는―가 외부로부터 강요된 통합의 형태보다 오랫동안 더욱 단단하게 유지된다고 생각할 수 있다. 그러나 이것은 민주주의 야망과 달리 특별한 불평등과 고통을 유발한다. 제도의 합법성 약화는 민주주의 사회가 그들 구성원들 중 가장 상처받기 쉬운 사람들에게 혜택을 준 사회보장제도를 약화시키는 위험이 있다.

합리적이고 누적된 통합에 대한 지식은 통합에 대한 문제 제기가 정치적 삶에서와 마찬가지로 연구 분야에서도 현실적인 당면과제임을 증명한다. 사회과학 연구자들은 사회적 삶에 내재된 긴장과 어려움에 대한 민주주의 시민들의 궁금증에 대답하도록 요구된다. 그들은 시민들이 정치 시스템의 상대적 효력, 민주주의 사회가 선언한 가치 적용의 불가피한 한계, 민주주의 사회가 수정해야만 하는 결함에 대한 비판들에 참여하도록 요구된다. 인간에 대한 존엄과 민주주의 사회가 무질서와 전제정치 속에서 파괴되지 않고 지속적으로 유지될 수 있기 위해—가장 유약한 사람들이 언제나 첫 번째 희생자들이다. — 연구자들이 사회적 통합을 조정하는 필요한 수단을 찾는 것은 그들의 소명과 일치한다.

비록 연구자들이 상투적인 연구에서 벗어나고 싶어 할지라도, 사회에 대한 합리적 지식을 생산하는 데 관심을 갖는 사회학자들은 결과적으로 그들 계획의 중심에 자리 잡고 있는 사회통합에 대한 질문을 외면할 줄 모를 것이다. 막셀 모스(Marcel Mauss)가 그것을 서술하였던 것처럼, 통합에 대한 용어는 약 일 세기 전 사회적 결합(cohésion sociale)의 용어와 마찬가지로 "무엇이 사회적 부분에서 구성되고 어떻게 부분들의 내부적 구성이, 특히 일반적인 구성이 사회의 일반적 삶을 구성하는지[…]를 보여준다. 성, 나이, 세대 간의 조화, 다양한 하위집단(부족, 카스트, 계층, 단체 등)들의 조화, 그들 각각의 내부적 화합, 일반적인 화합 속에서 다양한 화합의 관계, 사회의 기본정신에 대한 질문은 사회학적 범주에서 사라졌다. 그런데 이것은 연구와 논의의 가장 중요한 질문으로 제기되어야 한다."1)

---

1) M. Mauss, *Cohésion sociale*…, op.cit., p.13 et 25.

참고도서

«L'assimilation culutrelle des immigrants», Supplément à la revue *Population*, 1950.

ALBA, Richard et Nee, Victor, «Rethinking Assimilation Theory for a New Era of Immigration», *International Migration Review*, 31, 4, 1997.

ANGELL, Robert C., «Structural Integration», International Encyclopedia of Social Sciences, Mac Millan, volume 7, 1968.

ARON Raymond, *L'opium des intellectuels*, Paris, Hachette, « Pluriel», 2002(1955).

ASSOUS, Laurence et RALLE, Pierre, «La prise en charge des personnes âgées dépendantes en Allemagne, Espagne, France, Italie, Royaume‑Uni et Suède : une étude de cas types», ministère des Affaires sociales, du Travail et de la Solidarité, DARESS, *Etudes et résultats,* n° 176, juin 2002.

BAREL, Yves, «Le grand intégrateur», *Connexions,* n° 56, 1990, pp.85~100.

BAUDELOT, Christian et ESTABLET, Roger, *Suicide. L'envers du monde*, Paris, Seuil, 2006.

BEAUD, Stéphane et PIALOUX, Michel, *Retour sur la condition ouvrière. Enquête aux usines Peugeot de Sochaux ‑Montbéliard*, Paris, Fayard, 1999.

BECKER, Howard S., *Outsiders. Studies in the Sociology of Deviance*, New York, The Free Press, 1963.

BEGAG, Azouz, *L'intégration*, Paris, Le Cavalier Bleu, « Idées reçues», 2003.

BELHADJ, Marnia, *La conquête de l'autonomie. Histoire de Françaises descendantes de migrants algériens*, Paris, Les Editions de l'Atelie/Editions ouvrières, 2006.

BESNARD, Philippe, *L'anomie. Ses usages et ses fonctions dans la discipline sociologique depuis Durkheim*, Paris, PUF, «Sociologies», 1987.

BIBO, Istavan, *Misère des petits Etats de l'Europe de l'Est*, Paris, L'Harmattan, 1986(1947), p.322.

BILLIEZ, Jacqueline, «La langue comme marqueur d'identité», *Revue européenne des migrations internationales*, 1985, n° 1‑2, pp.95~104.

BORLANDI, Massimo, BOUDON, Raymond, CHERKAOUI, Mohamed et VALADE,

Bernard(dir.), *Dictionnaire de la pensée sociologique*, Paris, PUF, «Quadrige», 2005.

BOUDON, Raymond et LAZARSFELD, Paul, *Le vocabulaire des sciences sociales*, Paris, La Haye, Mouton, 1965.

BOUDON, Raymond, *L'inégalité des chances. La mobilité sociale dans les sociétés industrielles*, Paris, A. Colin, «Collection U», 1973.

BOURDELAIS, Patrice *et al.*, *Etat −providence. Arguments pour une réforme*, Paris, Gallimard, «Le Débat», 1996.

BROUARD, Sylvain et TIBERJ, Vincent, *Français comme les autres ? Enquête sur les citoyens d'origine maghrébine, africaine et turque*, Paris, Presses de Sciences −Po, 2005.

BURGESS, Ernest W. et BOGUE, Donald J., *Contributions to Urban Sociology*, The Chicago University Press, 1964.

CALVES, Gwénaële, «Les politiques françaises de lutte contre le racisme. Des politiques en mutation», *French Politics, Culture and Society*, vol.18, n° 3, automne 2000, pp.75~81.

CASTEL, Robert, *Les métamorphoses de la question sociale*, Paris, Gallimard, «Folio essais», 1999(1995).

CHAUVEL, Louis, *Le destin des générations. Structure sociale et cohortes en France au XXe siècle*, Paris, PUF, «Le lien social», 1998.

COHEN, Albert K., *La déviance*, Gembloux, Duculot, 1971(1966).

COSTA −LASOUX, Jacqueline, «L'intégration et ses indicateurs», Journée de la population européenne, Tours, 21 juillet 2005.

COULON, Alain, *L'Ecole de Chicago*, Paris, PUF, «Que sais −je ?», 1992.

DAMON, Julien, *La question SDF. Critique d'une action publique*, Paris, PUF, «Le lien social», 2003.

DEWITTE, Philippe(dir.), *Immigration et intégration. L'état des savoirs*, Paris, La Découverte, 1999.

DUBET, François, *Le déclin de l'institution*, Paris, Seuil, 2002.

DUPUY, François, *La fatigue des élites*, Paris, Seuil, 2005.

DURKHEIM, Emile, *De la division du travail social*, Paris, Alcan, 1922(1893).

DURKHEIM, Emile, *Education et sociologie*, Paris, PUF, «Le sociologue», 1966(1922).

DURKHEIM, Emile, *Le suicide. Etude de sociologie*, Paris, PUF, «Quadrige»,

1990(1897).

DURKHEIM, Emile, *Les règles de la méthode sociologique,* Paris, Flammarion, 1985(1939).

EISENSTADT, Shmuel N., *An Absorption of Migrants. A Comparative Study Based Mainly on the Jewish Community in Palestine and the State of Israel,* Londres, Routledge and Kegan Paul, 1954.

ELIAS, Norbert, *La société de cour,* Paris, Flammarion, 1985(1939).

ELIAS, Norbert *La société des individus,* Paris, Fayard, 1991.

ESPING – ANDERSEN, Gosta, *The Three Worlds of Welfare Capitalisme,* Cambridge, Polity Press, 1990.

FASSIN, Didier, «L'invention française de la discrimination», *Revue française de science politique,* vol.52, n°4, août 2002, pp.403~423.

FELOUZIS, Georges, «La ségrégation ethnique au collège et ses conséquences», *Revue française de sociologie,* 44 – 3, 2003, pp.413~447.

FLANQUART, Hervé, *Croyances et valeurs chez les jeunes Maghrébins,* Bruxelles, Complexe, 2003.

FRANCIS, Emerich K., *Interethnic Relationships. An Essay in Sociological Theory,* New York et Amsterdam, Else – vier, 1976.

FRAZIER, Franklin E., «Sociological Theory and Race Relations», *American Sociological Review,* n° 12, 1947, pp.265~271.

FURNISS, Norman et TILTON, Timothy A., *The Case for the Welfare State. From Social Security to Social Equality,* Bloomington, Indiana University Press, 1977.

GALLIE, Duncan et PAUGAM, Serge(dir.), *Welfare Regimes and the Experience of Unemployment,* Oxford University Press, 2000.

GLAZER, Nathan et MOYNIHAN, Patrick, *Beyond the Melting Pot. The Negroes, Puerto Ricans, Jews, Italian and Irish of New York City,* Cambridge, MIT Press, 1963.

GORDON, Milton M., *Assimilation in American Life. The Role of Race, Religion and National Origin,* New York, Oxford University Press, 1964.

GORZ, André, *Misère du present, richesses du possible,* Paris, Galilée, 1977.

HALBWACHS, Maurice, Esquisse d'une psychologie des classes sociales, Paris, A.Colin, 1955.

HANHORSTER, Heike, «"Eene meene muh, und raus vis du ?". Lebenswelten türkischer Jugendlicher in benqchteiligten Stadtteilen», *Zeitschrift für Migration and soziale Arbeit,* 2001, n° 3−4, pp.50~57.

HECKMANN, Friedrich et SCHNAPPER, Dominique(dir.), *The Integration of Immigrants in European Societies. National Differences and Trends of Convergence,* Stuttgart, Lucius & Lucius, 2003.

HERAN, François *et al., Histoires de famille et histoires familiales. Les résultats de l'enquête famille de 1999,* Paris, Cahiers de l'INED, 2005.

HIRSCHI, Travis, *Causes of Delinquency,* University of California Press, 1969.

INGLEHART, Ronald, «Choc des civilisations ou modernization culturelle du monde», *Le Débat,* n° 105, mai−août 1999, pp.23~54.

JACOB, Annie, *Le travail, reflet des cultures. Du sauvage indolent au travailleur productif,* Paris, PUF, «Economie en liberté», 1994.

KAUFMANN, Jean−Claude, *Ego, Pour une sociologie de l'individu,* Paris, A.Colin, 2001.

KYMLICKA, Will, Multicultural Citizenship. A Liberal Theory of Minority Rights, Oxford University Press, 1995.

LANDEKER, Werner S., «Types of Integration and their Measurement», *American Journal of Sociology,* 56, 1950~1951, pp.332~340.

LAPEYRONNIE, Didier, *L'individu et les minorités. La France et la Grande− Bretagne face à leurs immigrés,* Paris, PUF, «Sociologie d'aujourd'hui», 1992.

LENSKI, G. E., «Status Cristallisation. A Non Vertical Dimension of Social Status», *American Sociological Review,* XIX, 1954, 4, pp.405~413.

LEVI−STRAUSS, Claude(dir.), L'identité, Paris, Plon, 1977, p.331.

LEV−ON, Azi et MANIN, Bernard, «Internet, la main invisible de la délibération», *Esprit,* mai 2006, pp.195~212.

LOCHE, Bernard et MARTIN, Christophe(dir.), *L'insécurité dans la ville. Changer de regard,* Paris, «Les entretiens de Saint−Denis, L'oeil d'or, essais et entretiens», 2003.

MANIN, Bernard, *Pincipes du gouvernement représentatif,* Paris, Calmann−Lévy, 1995.

MARANGE, Jacques et LEBON, André, *L'insertion des jeunes d'origine étrangère dans la société française,* Paris, La Documentation française, 1982.

MAUSS, Marcel, OEuvres, 3. *Cohésion sociale et division de la sociologie,* Paris, Minuit, «Le sens commun», 1969(1920).

MERTON, Robert K., «Social Structure and Anomie», *American Sociological Review,* 3(5), 1938, p.672 – 682; *Social Theory and Social Structure,* New York, Free Press, 1957; Anomie, Anomia and Social Interaction", dans M.B. Clinard(ed.), *Anomie and Deviant Behavior. A Discussion and Critique,* New York, The Free Press, 1964, pp.213~243.

MESURE, Sylvie et RENAUT Alain, *Alter ego. Les paradoxes de l'identité démocratique,* Paris, Aubier, «Alto», 1999.

MODOOD, Tariq, BEISHON, Sharon et VIRDREE, Satnam, *Changing Ethnic Identities,* Londres, Policy Studies Institute, 1994.

PARK, Robert E. et BURGESS, Ernest W., *Introduction to the Science of Sociology,* New York, Greenwood Press, 1924.

PARK, Robert E., *Race and Culture. Essays in the Sociology of Contemporary Man,* Glencoe, Illinois, The Free Press, 1950.

PAUGAM, Serge(dir.), *L'Europe face à la pauvreté. Les expériences nationales de revenu minimum,* Paris, La Documentation française, «Cahier travail et emploi», 1999.

PAUGAM, Serge(dir.), *Les formes élémentaires de la pauvreté,* Paris, PUF, «Le lien social», 2005.

PORTES, Alejandro(dir.), *The Economic Sociology of Immigration. Essays on Networks, Ethnicity and Entrepreneurship,* New York, Russell Sage Foundation, 1995.

RICHARD, Jean – Luc, *Partir ou rester? Destinées des jeunes issus de l'immigration,* Paris, PUF, «Le lien social», 2004.

RIFFAULT, Hélène, «L'Evolution des valeurs des Européens», *Futuribles,* numéro spécial 200, juillet – août 1995.

SAFI, Mirna, «Le processus d'intégration des immigrés en France. Inégalités et segmentation», *Revue française de sociologie,* 47 – 1, 2006, pp. 3~48.

SAYAD, Abdelmalek, «Les enfants illégitimes», I er partie, *Actes de la recherche en sciences sociales,* n°25, janvier 1979, pp.61 – 81, 2e partie, n° 26 – 27, mars – avril 1979, pp.117~132.

SCHNAPPER, Dominique, *La France de l'intégration. Sociologie de la nation en 1990,* Paris, Gallimard, «Bibliothèque des sciences humaines», 1991.

SCHNAPPER, Dominique, *La communauté des citoyens. Sur l'idée moderne de nation,* Paris, Gallimard, «NRF Essais», 1994.

SCHNAPPER, Dominique, *La démocratie providentielle. Essai sur l'égalité contemporaine*, Paris, Gallimard, «NRF Essais», 2002.

SCHWARZ, Thomas, *Zuwanderer im Netz des Wohlfahrtsstaates. Türkische Jugendliche und die Berline Kommunalpolitik*, Berlin, Parabolis, 1992.

SILBERMAN, Roxane et FOURNIER, Irène, «Les enfants d'immigrés sur le marché du travail. Les mécanismes d'une discrimination sélective», *Formation/Emploi*, 1999, n° 65, pp.31~55.

SIMMEL, Georg, *Les pauvres*, Paris, PUF, «Quadrige», 1998(1907).

SIMMEL, Georg, *Sociologie et épistémologie*, Paris, PUF, «Sociologies», 1981.

SINGLY, François de, *Les uns avec les autres, Quand l'individualisme crée du lien*, Paris, A.Colin, 2003.

Social Focus on Ethnic Minorities, Londres, Office for National Statistics, 1996.

SUTHERLAND, Edwin H. et CRESSEY, Donald R., Pincipes de criminologie, Paris, Cujas, 1966(1960).

THOMAS, William I. et ZNANIECKI, Florian, *The Polish Peasant in Europe and America*, Chicago University Press, 1918~1920.

TITMUSS, Richard, *Social Policy*, Londres, Allen and Unwin, 1974.

TOCQUEVILLE, Alexis de, *De la démocratie en Amérique*, Paris, Gallimard, «Folio histoire», 2003.

TONNIES, Ferdinand, *Communauté et société. Catégories fondamentales de la sociologie pure*, Paris, Retz－CEPL, 1977(1887).

TRIBALAT, Michèle(avec Patrick Simon et Benoît Riandey), *De l'immigration à l'assimilation. Enquête sur les populations d'origine étrangère en France*, Paris, La Découverte/INED, 1996.

VALLET, Louis－André, «L'assimilation scolaire des enfants issus de l'immigration et son interprétation. Un examen sur données françaises», *Revue française de pédagogie*, n° 117, octobre－décembre 1996, pp.7~27.

WEBER, Max, *Economie et société*, tome 1, Paris, Plon, 1971.

WIRTH, Louis, *The Ghetto*, The Chicago University Press, 1928(trad. française, Presses universitaires de Grenoble, 1988).

YINGER, Milton J., «Toward a Theory of Assimilation and Dissimilation», *Ethnic and Racial studies*, 463(1981), pp.249~263; «Ethnicity», *Annual Review of Sociology*, 11(1985), pp.151~180.

색인

지은이
도미니끄 슈나페

  슈나페(Schnapper Dominique)는 1934년 파리에서 출생한 프랑스 여성 사회학자로 1960년대 프랑스 사회학과 철학을 대표하는 최고의 학자였던 레몽 아롱(Raymond Aron)의 딸이다. 그녀는 파리대학교 사회학 박사와 파리 5대학 문학박사를 취득했다. 사회과학고등연구원 교수와 프랑스 사회학회 대표를 역임하고 최근 10년간 헌법재판소 위원으로 활동했다.

  이 책은 2007년 정치 사회적 주제를 다룬 프랑스 최고의 책에 선정되어 'Prix du Livre Politique'를 수상하였다.

  이외 대표작은 다음과 같다.

『La France de l'intégration, sociologie de la nation en 1990, Paris: Gallimard』(1991)

『L'Europe des immigrés, essai sur les politiques d'immigration, Paris: Francois Bourin』(1992)

『La Communauté des citoyens, sur l'idée moderne de nation, Paris: Gallimard』(1994)

『La compréhension sociologique, Paris:PUF』(1999)

『Qu'est－ce que la citoyenneté ?, Paris: Gallimard』(2000)

『La démocratie providentielle. Essai sur l'égalité contemporaine, Paris: Gallimard』(2002)

『Une sociologue au Conseil Constitutionnel, Paris: Gallimard』(2010)

옮긴이
임지영

  프랑스 5대학 소르본 인문사회과학 대학원에서 사회학 박사학위를 취득하고, 현재 부산외국어대학교 지중해지역원 HK연구교수로 활동하고 있다.

  프랑스에 진출한 한국 기업회사원들의 노동조건에 따른 노동관과 생활문화 형태를 분석한 2010년 박사논문 「Les cadres coréens en France entre culture nationale et culture internationale」과 2011년 「프랑스 노동시장에 나타난 이주민의 경제적 관계와 사회통합」 등의 논문이 있다.

jill2020@naver.com

통합이란 무엇인가
유럽의 이민자 통합

초 판 인 쇄 | 2012년 8월 30일
초 판 발 행 | 2012년 8월 30일

지 은 이 | 도미니끄 슈나페
옮 긴 이 | 임지영
펴 낸 이 | 채종준
펴 낸 곳 | 한국학술정보㈜
주   소 | 경기도 파주시 문발동 파주출판문화정보산업단지 513-5
전   화 | 031) 908-3181(대표)
팩   스 | 031) 908-3189
홈 페 이 지 | http://ebook.kstudy.com
E - m a i l | 출판사업부   publish@kstudy.com
등   록 | 제일산-115호(2000. 6. 19)

ISBN   978-89-268-3579-1 93340 (Paper Book)
            978-89-268-3580-7 95340 (e-Book)

이담 Books 는 한국학술정보(주)의 지식실용서 브랜드입니다.